현행 행정구역에 따라 재구성한

북 녘 교 회
이 야 기

현행 행정구역에 따라 재구성한

북 녘 교 회 이 야 기

2019년 1월 30일 초판 1쇄

지은이/유관지
펴낸이/서진한
펴낸곳/대한기독교서회
편집책임/편집2팀

등록/1967년 8월 26일 제1967-000002호
주소/서울시 강남구 테헤란로103길 14(삼성동)
전화/출판 553-0873~4, 영업 553-3343
팩스/출판 553-0979, 영업 555-7721
e-mail/editor@clsk.org
http://www.clsk.org
facebook.com/clskbooks
instagram.com/clsk1890

책번호 2273
ISBN 978-89-511-1962-0 03230

The Christian Literature Society of Korea, Seoul
Printed in Korea

* 책값은 뒤표지에 있습니다.

현행 행정구역에 따라 재구성한

북녘교회 이야기

| 유관지 |

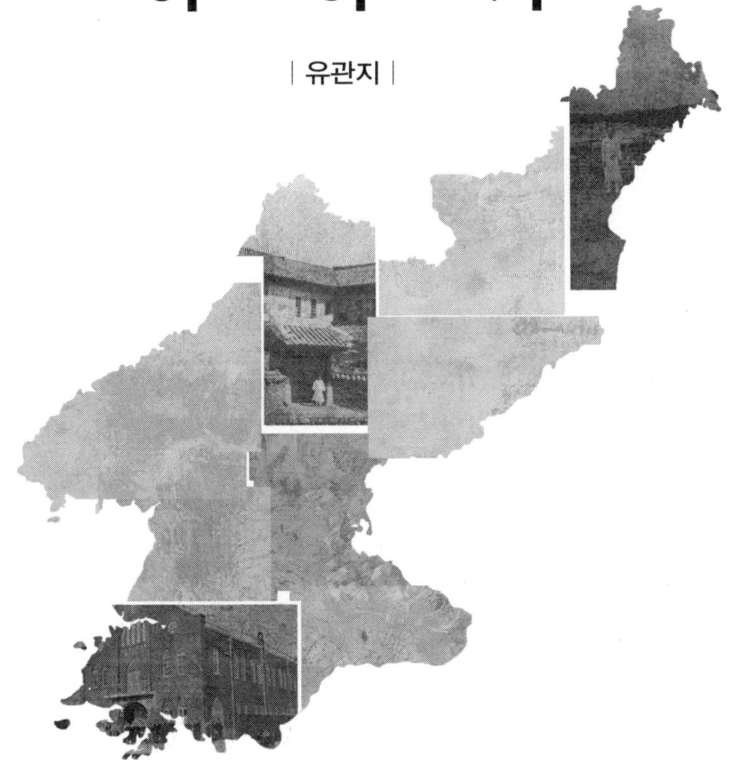

대한기독교서회

머리말 이 책을 들고 북녘을 순방하며 확인하는 날이 속히 오기를

이 책은 북녘에 있던 교회들의 이야기를 북녘의 현행 행정구역을 기준으로 재구성하여, 「기독교사상」 2017년 6월호부터 2018년 5월호까지 1년간 연재한 글을 한자리에 모은 것입니다. 연재할 때의 제목은 "설교자를 위한 북녘의 지역교회사"였으나 단행본으로 내면서 『현행 행정구역에 따라 재구성한 북녘교회 이야기』로 바꿨습니다.

북녘은 분단 직후부터 행정구역을 조금씩 개편하다가 근 70년 전인 1952년 12월에 '군면리 대폐합'이라는 이름으로 아예 기본체계를 바꾸었고 그 이후에도 계속 손질을 하고 있습니다.

저는 1990년대 초에 극동방송을 통해 "북녘순례"라는 프로그램을 몇 해 방송한 일이 있는데, 그 프로그램의 제작 원칙은 '북녘의 현행 행정구역에 따라 한 주일에 시, 구역, 군을 하나씩 찾으며 그곳에 있던 교회들을 소개한다.'는 것이었습니다. 그때 북한의 현행 행정구역 문제가 의외로 간단하지 않다는 것을 알았습니다. 그 일을 계기로 '남한 사회나 교회는 이 문제에 너무 둔감한 것이 아닌가?' 하는 생각을 갖게 되었습니다.

통일이 되면 연고가 있는, 또는 역사적 현장이었던 북녘의 교회를 찾아가려는 분이 많을 텐데 여러 가지가 너무 바뀌어서 예전 주소를 가지고는 찾기가 어려울 것입니다. 한국의 첫 교회인 소래교회의 경우를 보면, 주소가 '황해도 장연군 대구면 송천리'로 되어 있으나, 이 주소를 가지고는 근처에 접근하기조차 어려울 것입니다. 소래교회가 있던 곳은 '황해남도 룡연군 구미리'로 바뀌었기 때문입니다.(81쪽 참조) 이 때문에 북녘교회의 이야기를 현행 행정구역을 기준으로 재구성할 필요를 느꼈는데 「기독교사상」을 통해 그 문제를 해결할 수 있었습니다.

일반적으로는 '북한교회'라는 말을 쓰고 있으나 '북한'이라는 말에는 단절과 대립의식이 묻어 있고, 남북도 공식적으로는 '북한', '남한' 대신에 '북측', '남측', '귀측'이라는 말을 사용하고 있습니다. 이런 점을 생각하며 개인적으로는 오래전부터 '북녘교회'라는 말을 써오고 있습니다.

수록 순서는, 직할시(평양)와 특별시(남포·라선)를 먼저 찾고, 북녘을 서부, 중부, 동부로 나누어 서부의 북쪽에서 남쪽으로 내려오고, 다시 중부를, 이어서 동부를 그렇게 하는 것으로 했습니다. 「기독교사상」에 연재할 때의 순서를 약간 바꾸었는데 기억하기에 편리하도록 하기 위해서 이렇게 했습니다. 또 연재할 때는 제일 앞에 성경말씀을, 끝에는 그 지역을 바라보며 드리는 기도를 두었는데 여기에서는 모두 생략했습니다.

성경을 인용할 때는 대한성서공회의 표준새번역 개정판을 사용했습니다. 이 책이 탈북민, 나가서는 북녘의 주민에게도 참고가 되기를 바라고 있는데 북녘에서는 개역개정의 옛 어투를 낯설어한다는 말을 듣고 있기 때문입니다.

부록으로 "2002-18, 「로동신문」 종교 관련 기사 목록"을 첨부했습니다. 오래간만에 나오는 북한교회 관련 서적인데, 일반 독자뿐만 아니라 연구자를 위한 내용도 있었으면 좋겠다는 의견을 따른 것입니다. 부록에 대해서는 부록의 '일러두기'를 참고하시기 바랍니다.

많지 않은 분량의 책이지만 감사드릴 분이 많습니다. 먼저 연재의 기회를 주고 또 발간해준 대한기독교서회와 연재와 발간의 실무를 담당한 분들에게 깊은 감사를 드립니다. 「기독교사상」에 연재될 때 잘 읽고 있다며 격려와 조언을 주신 분들께 감사를 드립니다. 그 격려와 조언이 참으로 큰 힘이 되었습니다.

저는 북녘에 있었던 교회들의 이야기를 소개하는 일을 여러 매체를 통해 오랫동안 꾸준히 해오고 있습니다. 이 책은 그 작업의 작은 열매입니다. 활자매체인, 침례교 전국여성선교연합회의 「월간 성광」, 한국오픈도어북한선교연구소의 「월간 북한개발소식」, 전파매체로 앞에서 말한 극동방송과 북방선교방송(TWR), 인터넷 매체인 21tv, 그리고 기도회의 순서지와 홈페이지에 개(個)교회의 이야기를 꾸준히 올리고 있는 쥬빌리통일구국기도회, 또 인터넷에서 부지런히 퍼나르기를 해서 확산시켜 주고 있는 분들께도 고마움을 전합니다.

김흥수 박사께 특별한 감사를 드립니다. 김 박사는 북한교회사 연구를 앞서 이끌고 있는 분이며, 이 연재를 제의하고, 지켜보아 주었으며 추천의 글을 써주었습니다. 추천의 말씀을 준 또 한 분 전병호 목사께도 감사를 전합니다. 대학 동창인 전 목사와는 교계활동과 목회와 교회사 연구라는 같은 길을 걷고 있는 시간이 어느 사이 반세기를 훌쩍 넘기고 있습니다.

무슨 일을 할 때 '하나님께 영광이, 한국교회에는 유익이 되게 하소서.'라는 기도를 빠뜨리지 않는데 이 부족한 책을 내놓으면서도 마찬가지입니다. 이 책에는 한국교회의 과제요, 염원인 북녘교회 회복에 조금이나마 도움이 되게 해달라는 간절한 마음이 담겨 있음을 고백합니다. 요즘 남북교류 확대에 관한 소식이 계속해서 들리고 있기 때문에 간절함이 더욱 깊어지는데, 모든 기독교인도 마찬가지일 것이라고 믿습니다. 독자들이 이 책을 읽으며 북녘교회가 회복되어야 한다는 마음을 새롭게 하고, 나아가 그 계획을 세우는 데 조금이라도 도움을 받는다면 이 책은 소임을 다하는 것이 될 것입니다.

여러 해 전에 『북중접경, 기도하며 걷다』(초판 제목은 『기도가 흐르는 강물 3380리』)와 『DMZ와 기도』를 냈는데 이 책들이 현장에서 잘 활용되고 있는 것을 보면서 보람을 느끼며 감사를 드리고 있습니다. 마찬가지로 이 책을 들고 북녘의 여러 곳을 함께 찾으며 직접 확인할 수 있는 날이 속히 오기를 기도드립니다.

2018년의 마지막 주간에

돌북골*에서

유관지

---

* 돌북골은 저자의 서재 이름으로 "돌이켜 북으로 나아가라"(신 2:3)라는 말씀에서 따왔다.

추천의 글1 북녘의 기독교가 숨 쉬던 공간에 함께하는 날을 염원하며

한반도 북부 지역의 기독교사는 여러 가지 방식으로 연구할 수 있습니다. 시기별 연구가 많지만, 이 책은 그 역사를 지역별(도별)로 살펴보고 있습니다. 기독교사에 대한 지역별 연구는 이 책의 저자 유관지 박사께서 선호하는 방식입니다. 저자는 이런 방식으로 『북중접경, 기도하며 걷다』(2015)를 펴냈습니다. 이 책은 벌써 기독교인들에게는 단동에서 훈춘에 이르는 북중 접경지 여행의 가장 좋은 길잡이가 됐습니다. 저자는 비무장지대 인근의 기독교 역사를 안내하는 『DMZ와 교회: 기도가 메아리치는 산하 6백리』(2011)도 저술했는데, 이 책들도 지역별로 교회를 소개합니다. 이렇게 저자가 지역별로 교회의 역사를 되돌아보는 것은, 이 책들이 무엇보다도 북중 접경지나 DMZ 인근지역을 여행하는 이들에게 그 지역의 교회 이야기를 들려줄 목적에서 쓰였기 때문입니다.

『현행 행정구역에 따라 재구성한 북녘교회 이야기』도 원래는 설교자들에게 도별(道別)로 북녘의 교회 이야기를 들려주기 위해 쓴 글입니다. 오늘날의 평양, 남포, 라선 같은 직할시와 특별시들을 먼저 소개하고, 나머지 지역은 평안북도, 평안남도, 황해북도, 황해남도, 량강도, 자강도, 함경북도, 함경남도, 강원도 순서로 소개하고 있습니다.

저자는 이 책에서 1945년 이전 한반도 북부 지역의 기독교 신앙공동체의 중심인물과 교회 이야기를 자세히 들려줄 뿐만 아니라 1945년 이후 북에서의 신앙생활 이야기를 관찰하여 우리의 애틋한 정감을 자아내고 있습니다. 그래서 이 책에서 소개되고 있는 교회들은 찾아갈 수 없는 곳에 있기는 하지만 꿈속에서라도 가보고 싶은 교회들입니다. 물론 이제 가더라도 교회들이 1980년대 후반에 세워진 교회들을 제외하고는 다 사라져서 우리가 눈으로 볼 수 있는 것은 아니겠지만, 신앙공동체의 희미한 흔적은 발견할 수 있을 테고 혹시라도 살아 있을 교우들을 만나게 되면 그동안 그들이 겪었던 고난과 안부를 물어볼 수도 있을 것입니다. 이 책에는 그린 날이 어서 오기를 염원하는 저자의 절실한 소망이 담겨 있습니다. 그날이 온다면 저자는 먼저 예전에 교회가 있던 자리들을 찾아 조그만 표지석을 하나씩 세우고 싶다고 말합니다.

이 책은 부록에서 2002년부터 2018년 사이에 「로동신문」에 보도된 종교 관련 기사도 소개하고 있습니다. 「로동신문」에 실린 종교 관련 기사를 읽기 위해 저자는 오랫동안 연로의 몸으로 국립중앙도서관 북한 자료실을 찾아다녔습니다. 우리는 한반도 북부 지역의 교회의 역사를 바르게 탐구해야 할 과제를 안고 있고 이를 위해서는 1차 자료의 발굴이 시급한데, 부록에 실린 「로동신문」 종교 관련 기사 목록은 1차 자료를 찾기 위한 저자의 지난한 노력의 일환입니다.

우리는 이 책을 들고 언젠가 의주, 선천, 평양, 해주, 원산, 함흥, 회령 등지의 북녘의 기독교가 숨 쉬던 공간을 찾아가는 날이 있을 것입니다. 그런 축복의 날을 독자들과 함께 맞이하고 싶은 간절한 마음에서 이 책을 추천합니다.

목원대학교 명예교수
김흥수 목사

추천의 글2 전국 교회를 향해 주신 하나님의 말씀

유관지 박사의 북한교회에 대한 연구는 50년이란 오랜 기도의 순례를 통해서 이루어져 왔습니다. 처음 유 박사는 방송을 통해 복음에 목말라하는 수많은 북한 주민에게 이슬비 내리듯 복음을 전했습니다. 여기저기 북한 주민들로부터 온 감사의 편지에 그는 눈물의 기도를 드렸고 하나님이 주신 사명에 더욱 최선을 다하였습니다.

저자는 이러한 그의 사명은 하나님의 사랑 때문임을 말하고 있습니다. 일찍이 '조선의 예루살렘'이란 평양이 공산화되었지만 여전히 그곳에는 남은 그루터기가 있었습니다. 이는 하나님이 북한에 남아 있는 옛 성도들을 향한 사랑이 얼마나 크시고 간절하신지를 그를 통해 말씀하셨던 것입니다.

저자는 분단 70년이 훌쩍 넘은 오늘에 옛 북한의 교회의 터라도 남아 있을까 하여 마치 커다란 확대경을 들고 북한 지도를 살펴보기 시작했습니다. 참 놀라운 일은 그의 눈에 옛 북한의 교회들이 보이기 시작했습니다. 그는 북녘을 누비며 순례의 길을 다녔습니다. 그리고 그의 펜 끝에서 교회의 이야기들이 하나하나 다시 살아나 우리 눈앞에 드러났습니다.

저자의 순례는 다만 북녘의 옛 예배당을 찾아 떠난 여정이 아니었습니다. 복음은 생명입니다. 북녘이라는 터에서 아직도 숨 쉬고 있는 생명을 찾아다닌 것입니다. 19세기 말부터 북한교회에는 선교사들뿐 아니라 뜨거운 기도와 헌신과 눈물과 피로 얼룩진 토착 성도들이 있었습니다. 그들의 생명신앙이 어찌 소멸될 수 있을 것입니까? 하나님은 그들과 피로 맺은 약속을 반드시 이루실 것입니다. 그러므로 이 책은 저자의 신앙고백이요, 기도요, 전국 교회를 향해 주신 하나님의 말씀입니다. 저자는 에스겔 골짜기에 있던 마른 뼈들이 다시 살아나 사람이 되듯 다시 일어나는 북한교회의 환상을 보고 있습니다. 그래서 우리도 이 책을 읽으며 평화의 바람 불어와 북녘의 옛 교회들이 다시 일어나 왕성하게 될 그날을 꿈꿀 수 있게 되었습니다.

남북간의 화해와 통일의 기운이 한반도에 불어오고 있습니다. 우리 한국교회는 하나님께 남북 간의 평화와 통일을 위해 기도하며 두고 온 북녘의 교회들을 회복하기 위하여 기도해야 할 것입니다. 바로 유관지 박사의 이 책을 손에 들고 한 쪽 한 쪽 넘겨 옛 교회의 이름을 부르며 기도해야 할 것입니다. 그러므로 이 책은 모든 한국교회의 필독서라 할 것입니다.

전 NCCK 회장
현 기독교대한복음교회 총회 신학교총장, 전북교회역사문화연구원장
전병호 목사

차례 c o n t e n t s

북녘교회 탐방 순서

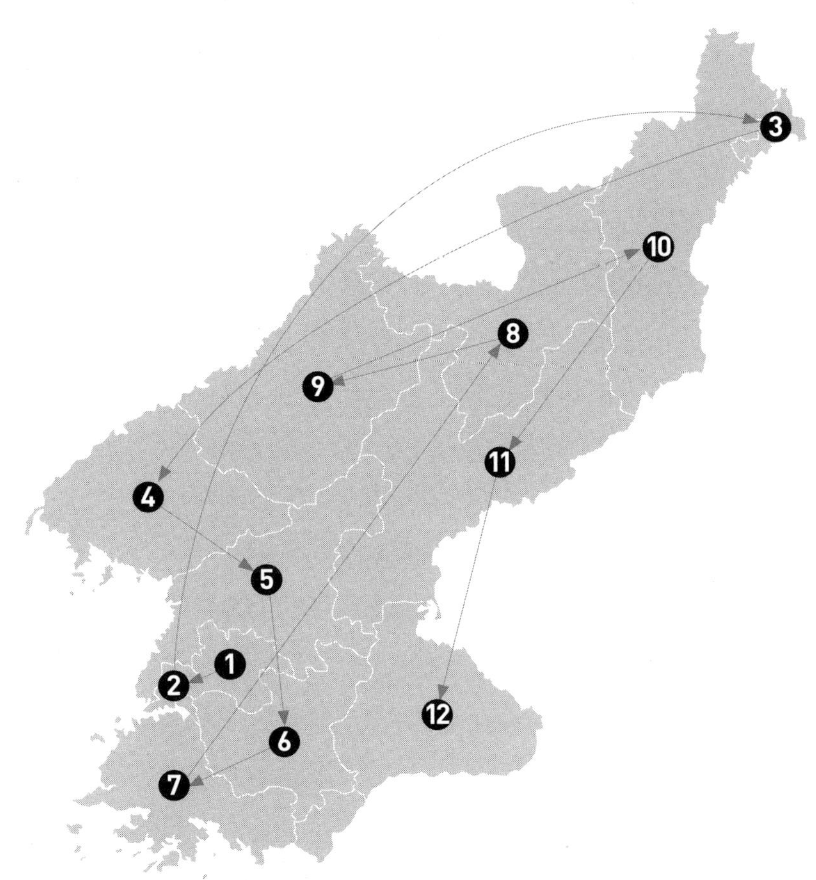

*지도의 번호와 화살표는 이 책에 소개된 지역의 순서대로 표시한 것이다.

1.
평양직할시
: 우리 모두의 '시온'

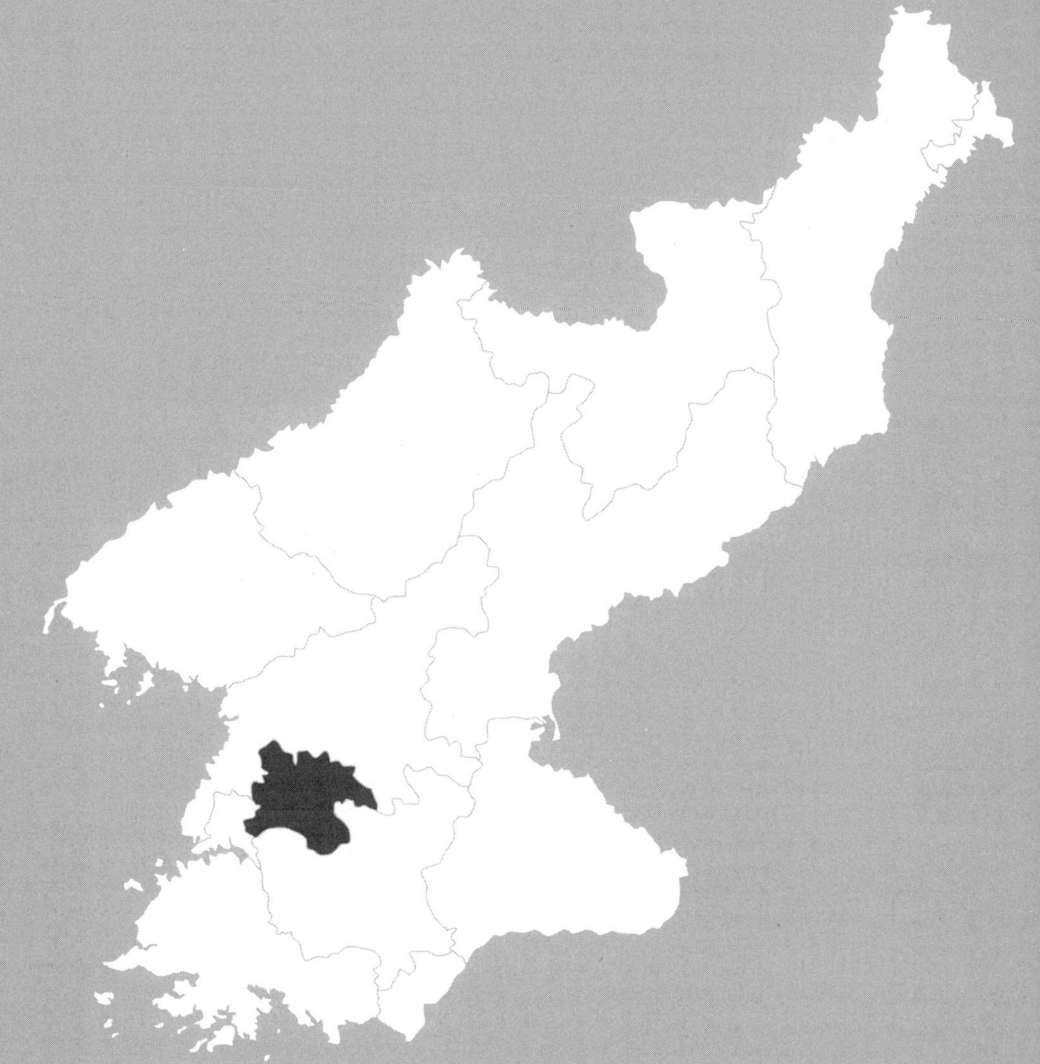

평양 연합정신 계승해야

한국교회의 역사에 대해 깊이 알지 못하는 분들도 '1907년 대부흥'은 대부분 알고 있습니다. 그 대부흥이 시작된 곳이 바로 평양입니다. 그 이전에 토마스 목사가 '순교'한 곳도 평양이고, 1907년에 장로교의 독로회(獨老會)가 조직된 곳도 평양입니다.

독로회는 장로교 최초의 노회인데, '하나뿐인 노회'라는 뜻으로 알고 있는 분이 많지만 사실은 '독립노회'라는 뜻으로, 노회의 회의록 서문에는 "이는 실노 대한국 독닙 로회로다."라고 명기되어 있습니다. 1912년에 장로교의 첫 총회가 열린 곳도 역시 평양인데, 이 총회에서는 중국 산둥(山東)에 선교사를 파송할 것을 결의하였습니다. 선교사들이 들어온 지 27년 만에 선교사들을 파송하는 교회로, 피선교국에서 선교국으로 '신분 상승'을 한 셈입니다.

물론 어두운 면도 있습니다. 1938년에 열린 장로교 27차 총회에서 신사참배를 가결하였는데, 이 총회도 평양에서 열렸습니다.

평양은 이와 같이 한국교회 역사에서 묵직한 비중을 차지하고 있습니다.

평양과 기독교에 대해서 잘 알려지지 않은 일을 하나 말씀드리려고 합니다. 1877년부터 중국 동북 지역에서 로스(J. Ross) 선교사가 중심이 되어 성서의 한글 번역을 진행하고 있었습니다. 처음에 김청송(金青松)이 식자공으로 일했는데, 그가 성서와 전도문서를 반포하기 위해 고향인 지안(集安)으로 떠난 뒤 평양 출신 청년 한 사람이 그 일을 하게 되었습니다. 이 청년의 이름은 류춘천(Lieu Chien Tien)이었을 것으로 추정됩니다. 그런데 고향에 계신 어머니가 위독하다는 소식을 듣고서 이 청년은 평양으로 돌아오게 되었습니다. 이때 그는 『누가복음』과 『요한복음』

약 1,000권을 가지고 와서 평양에서 조심스럽게 팔았습니다. 이것은 맥클레이, 알렌, 언더우드, 아펜젤러와 같은 선교사들이 제물포(인천)를 통해 서울로 들어오기 이전인 1883년 5월의 일입니다.

로스 선교사에 의해 발행된 성서의 이름은 『예수셩교젼서』인데, 보통 '로스 역'이라고 부릅니다. 이 성경은 1887년에 완간이 되었습니다. 2017년 여름에 한국기독교역사연구소 주관으로 "존 로스의 한글 신약성경 예수셩교젼서 발간 130주년 기념 존 로스의 선교 행적을 따라 동북 3성을 가다"라는 긴 이름의 답사여행이 실시되었습니다. 모두 42명이 참가했는데 그 가운데 15명이 국사, 한국교회사, 국문학, 건축학 등 여러 분야의 박사학위를 가진 분들이어서 탐방하는 곳들은 물론, 이동하는 비스 안에서도 알찬 강의와 뜨거운 토론이 이어지곤 했습니다.

아펜젤러 선교사에 이어 언더우드 선교사가 1887년 가을부터 세 차례에 걸쳐 평양을 방문하였고, 1890년 8월에 북장로회의 모펫(S. A. Moffett) 선교사도 이곳을 찾습니다. 1893년부터는 모펫과 리(G. Lee) 선교사가 평양에 정주하면서 본격적인 선교활동을 전개합니다. 이런 과정을 거쳐 평양은 '장로교의 도시'로 면모를 갖춰가기 시작했습니다. 장로교는 신학교를 평양에 세울 정도였습니다. 평양에는 1907년 대부흥의 발원지인 장대현교회를 비롯하여 순교자 주기철 목사님이 시무하던 산정현교회, 서문밖교회 등 – 이것이 적합한 표현인지는 모르겠지만 – 기라성 같은 교회들이 여럿 있었습니다.

그중 서문밖교회는 한국교회사의 격랑을 온몸으로 겪은 교회라고 할 수 있습니다. 선교 50주년인 1934년에 열려 '희년총회'라는 이름을 갖고 있는 23차 총회, 앞에서 언급한 27차 총회, 분단 후 조선그리스도교련맹(당시 이름은 북조선기독교도연맹)이 주관한 장로교 33차 총회(여기에서는 연맹에 가입하지 않는 교역자를 파직시키기로 결의했습니다.), 1950년 8월

5일에 평양의 교역자들이 모여 북녘의 승리를 위해 궐기하자는 호소문을 채택한 궐기대회, 국군과 UN군이 평양에 진주했을 때 남녘에서 올라간 목사와 선교사를 환영하는 예배가 열린 곳이 바로 서문밖교회였기 때문입니다.

서문밖교회의 주소는 '평안남도 평양부 하수구리 109'였는데, 지금은 '평양 중구역 서문동'이 되었습니다. 평양에 규모가 큰 분수공원이 눈길을 끄는 평양만수대예술극장이 있는데, 그 부근 어딘가에 서문밖교회가 있었던 것 같습니다.

평양에는 기독교에서 세운 학교도 여럿 있었는데, 대표적인 것은 두말할 것 없이 숭실입니다.

2014년 가을에 한국기독교역사학회 주관으로 "평양 지역 감리교의 역사와 한국교회"라는 주제로 학술 심포지엄이 열린 일이 있습니다. 이 심포지엄에서는 '감리교회도 평양에서 일찍부터 활발하게 활동했다.'라는 점이 강조되었습니다. 우리나라에 들어온 개신교 선교사 가운데 평양을 제일 먼저 방문한 분은 아펜젤러(H. G. Appenzeller)이며, 평양에서 선교활동을 하다가 과로로 병을 얻어 순직한 홀(W. J. Hall)도 더 선명하게 기억되어야 한다는 이야기가 나왔습니다. 아마 장로교회가 '평양 지역과 장로교회'를 주제로 이런 학술모임을 갖는다면 하루나 이틀로는 불가능할 것이라 생각합니다.

심포지엄에서는 감리교와 장로교가 평양에서 좋은 협력관계를 유지했다는 사실도 강조되었습니다. 그래서 「국민일보」는 이 심포지엄 보도기사의 제목을 "한국교회, 초기의 평양 연합정신 계승해야"라고 달았습니다.(「국민일보」, 2014년 11월 11일 자.)

분단 후 북한을 장악한 공산정권도 평양과 기독교의 관계를 잘 알고 있었습니다. 2013년에 림이철의 저서 『사랑과 믿음 속에 빛내인 삶』

이 평양출판사에서 나왔는데, 이 책은 조선그리스도교련맹 창설자이며 북한의 부주석을 지낸 강량욱 목사의 전기입니다. 그런데 북녘의 전기류(類)가 대부분 그러하듯이, 이 책은 강량욱을 중심으로 하지 않고 김일성 주석이 강량욱을 어떻게 사랑하고 믿어서 그가 빛나는 삶을 살 수 있었는지에 대해 서술하는 형식으로 되어 있습니다.

이 책 앞부분에는 1946년 5월, 김일성 주석이 당시 임시인민위원회 서기장이던 강 목사에게 "조선에서 그리스도교가 가장 많이 퍼진 곳은 평안남북도와 황해도이며, 서울보다도 평양이 더 많을 것이다. 평양은 그리스도교의 중심지라고 말할 수 있다."라고 하면서, "그렇기 때문에 그리스도인들과의 사업은 매우 중요한 자리를 차지하고 있다."라고 강조한 일이 기록되어 있습니다.

지금도 중심지인 평양

평양은 과거에만 기독교의 중심지가 아니었습니다. 지금도 그렇습니다. 북한의 주류 교회라고 할 수 있는 봉수교회, 김일성 주석의 외가 식구와 친척이 출석하던 하리교회 자리에 세워진 칠골교회 모두 평양에 있습니다. 칠골교회는 1989년 말에 준공되었는데, 너무 빈약하다고 하여 다시 건물을 지어 1992년에 입당하였습니다. 제일 처음에 지은 교회당이 지금도 보존되어 있다는 사실을 최근에서야 알았습니다. 칠골교회는 2013년 4월에 재건축에 가까운 수준의 리모델링에 착수하여 2014년 7월에 공사를 마치고, 10월에 입당예배를 드렸습니다.

평양에는 '평양 제1기도처소'도 있습니다. 장로교 통합측에서 평양 대동강 구역 청류동에 온실을 짓고, 그 옆의 부지에 교회당을 건축하려고 하였습니다. 하지만 이 일이 계획대로 되지 않자 그 대신 온실 관리동을 짓고 2층에 30평 규모의 기도처소를 만들어, 2006년 5월 12일에 봉헌식을 하였습니다. 실제로는 사용되지 않고, 출입도 통제되고 있는 것으로 전해집니다.

북녘의 교역자 양성기관인 평양신학원도 그 이름에서 알 수 있듯이 평양에 있고, 북녘의 기독교를 대표하는 기관인 조선그리스도교련맹 중앙위원회도 평양에 있습니다. 정확하게 확인하기는 어렵지만, 평양에는 가정교회와 요즘 많이 이야기되는 지하교회도 많을 것입니다.

평양에는 가톨릭(북녘에서는 '카톨릭'이라고 표기)의 장충성당도 있습니다. 이 성당에는 아직도 신부가 없습니다. 신부가 상주하지 않는 소규모의 모임처를 공소(公所)라고 부르는데, 남녘의 가톨릭은 장충성당을 공소로 보고 있는 것 같습니다.

평양에는 러시아정교회의 정백사원도 있습니다. 정백사원은 2003년 6월 24일에 착공해서 2006년 8월 13일에 준공되었는데, 퍽 신경을 쓰게 만드는 존재입니다. 우선 '국가와 밀접한 관계를 갖고 있는 러시아정교회는 북한이 원하는 교회의 성격에 부합하지 않나?' 하는 생각을 하게 되기 때문입니다. 정백사원이 북녘의 여러 종교기구 가운데 특별한 대접을 받고 있다는 점도 그렇습니다. 이 사원은 김정일 위원장의 러시아 방문을 계기로 그가 지시하여 건립되었는데, 착공식과 준공식 때 북한과 러시아의 종교계 인사들뿐만 아니라 북한의 내각 부총리와 외무성 부상, 평양시 인민위원장과 주북 러시아대사와 여러 나라의 외교대표들이 참석하였습니다. 정백사원과 관련된 「로동신문」의 기사들을 분석해보면, 정백사원은 종교시설일 뿐만 아니라 북한과 러시아를 연결하는 성격을 갖고 있다는 사실이 확인됩니다. 주북 러시아대사 까를로브는 "정백사원은 러시아와 조선 두 나라 인민들 사이의 친선의 상징"이라고 말하기도 하였으니까요. 2014년에는 정백사원의 내부 도색작업을 새로 했는데, 러시아에서 특별 도색재를 운반해 와서 러시아와 북녘의 미술가들이 공동으로 작업했다고 합니다.

평양에 있는 봉수교회나 칠골교회에 대해 '가짜 교회', '위장 전시용 교회', '어용 교회' 등의 이름을 붙이는 분이 많습니다. 그 교회들은, 전통적인 기준을 적용하면 긍정적으로 보기 어려운 면을 가지고 있는 것은 사실입니다. 그러나 최종 판결은 하나님께서 하실 일이고, 또 역사가 할 일입니다.

시온을 생각하면서 울었다

텔레비전에서 북녘과 관련된 보도가 나올 때 거의 빠지지 않고 등장하는 것이 김일성광장입니다. 북녘의 심장과 같은 곳이니까요. 그때마다 김일성광장 뒤에 전통양식으로 크게 지어진 '인민대학습당' 건물이 눈에 들어옵니다. 그 자리는 예전의 '감리교단지'라고 할 수 있는 곳이었습니다. 남산현교회를 비롯해서 감리교의 학교, 의료선교기관, 선교사 주택이 그곳에 밀집해 있었습니다. 분단이 되고 나서 그 일각에 성화신학교가 세워졌습니다. 38선 때문에 남녘의 목사들이 북으로 올 수 없게 되자, 북녘의 감리교 지도자들이 전도를 계속하기 위해 목사를 자체적으로 양성할 목적으로 설립한 신학교였습니다. 성화신학교는 한때 재학생이 600여 명에 이르렀으나, 공산정권에 의해 장로교의 평양신학교와 합병되었고, 1950년 7월에는 문을 닫았습니다.

1·4후퇴 때 부산으로 피난 온 성화신학교 관련자들은 1951년 10월 1일에 초량의 한 교인의 집에 모여 교회 설립을 공표하고, 그 이름을 '평

양교회'라 하였습니다. 교인들이 빠른 속도로 늘어나자 채소밭에 천막을 치고 예배를 드렸습니다. 그런데 '평양교회'라는 이름이 걸림돌로 작용하기 시작했습니다. 지역사회 주민들에게 전도하는 데 적합하지 않은 이름이었기 때문입니다. 교회 관계자들은 기도하며 이 문제를 의논하였는데, 시편 137편의 말씀이 그들의 가슴에 강하게 울려퍼졌습니다.

> 우리가 바빌론의 강변 곳곳에 앉아서, 시온을 기억하면서 울었다.(시 137:1)

바빌론에서 포로생활을 하는 이스라엘 백성들이 시온(예루살렘)을 그리워하며 울었다는 내용입니다. 평양교회의 지도자들은 "그렇다. 우리의 시온은 평양이다!" 하면서 1952년을 전후해 교회 이름을 '시온교회'로 바꿨습니다.

평양이 시온교회 교인들에게만 시온이겠습니까? 아닙니다. 평양은 한국교회 모두에게 시온입니다. 잊지 말아야 할 곳입니다. 우리가 바라보며 눈물을 흘리고 기도해야 하는 곳입니다. 이스라엘 백성은 이방 땅에서 주님의 노래를 부를 수 없다며 수금을 버드나무 가지에 걸어두고 "예루살렘아, 내가 너를 잊는다면, 내 오른손도 수금 타는 재주를 잊을 것이다."(시 137:5)라고 하였습니다. 우리는 과연 어떻습니까? 우리의 시온을 바라보며 모두 조용히 무릎을 꿇어야 하지 않을까요?

2.
남포특별시
: 아무도 닫을 수 없다

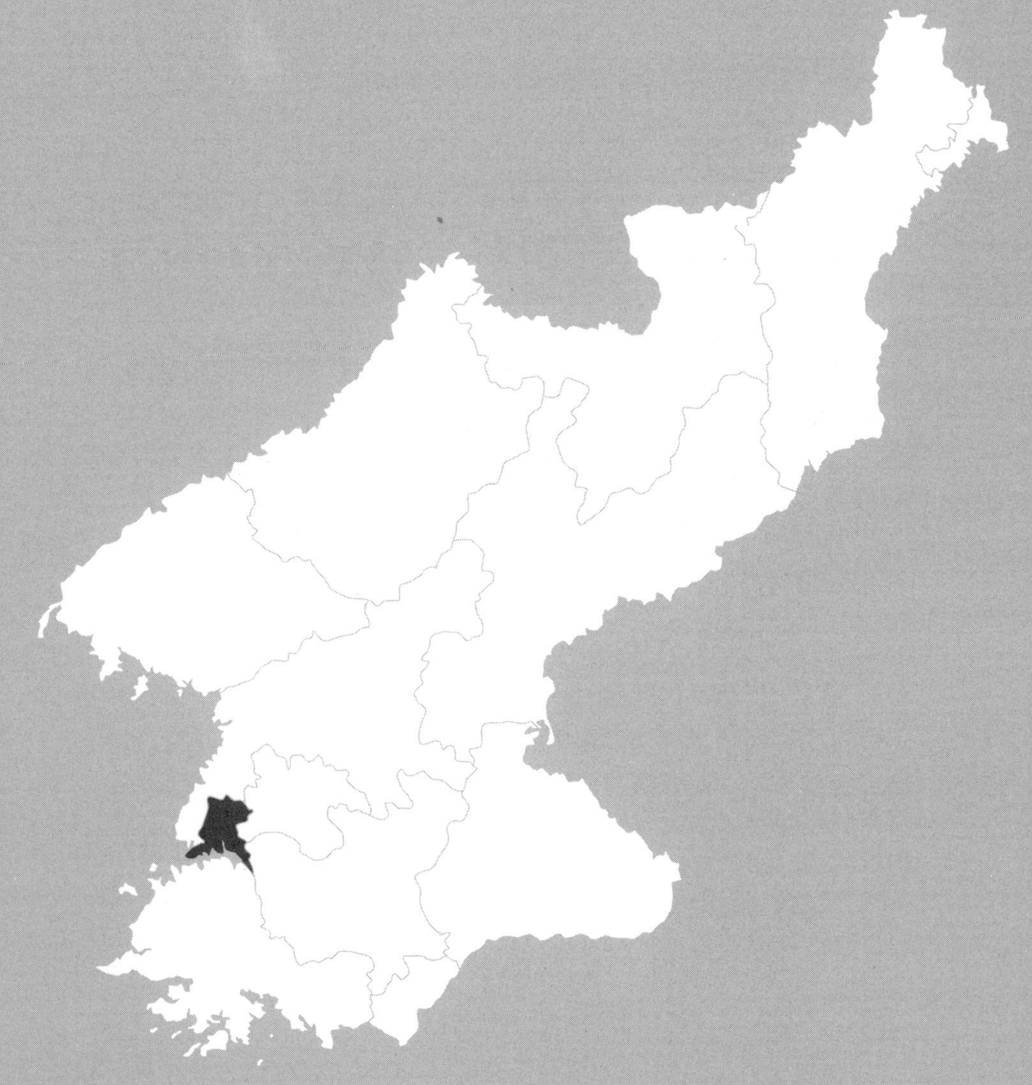

남포특별시라니?

지금 우리는 현행 행정구역에 따라 북녘 각 지역의 교회 이야기를 도별(道別)로 살펴보고 있는데, 앞에서는 "평양직할시: 우리 모두의 '시온'"이라는 제목으로 북녘의 수도인 평양에 대해 알아보았고, 이어서 남포특별시에 대해 살펴보려고 합니다. '특별시'는 내각의 지시를 직접 받는 도급(道級) 행정단위입니다.

'남포특별시'라는 지명을 낯설어하면서 '평양이 특별시일 것 같은데 평양은 직할시라고 하고, 듣지 못하던 이름에 특별시를 갖다 붙이네. 도대체 남포가 어디야?'라고 생각하는 독자가 많을 것 같아 여기에 대한 설명을 먼저 해야 하겠네요.

남포는 진남포의 원래 이름입니다. 고려시대 문인인 정지상(鄭知常)의 〈송인〉(送人)이라는 유명한 시가 있는데, 이 시에 "임 보내는 남포에는 슬픈 노래 울린다."(送君南浦動悲歌)라는 구절이 있습니다.

1900년대 전반에는 '진남포'라고 불렀고, 남녘에서는 지금도 그 이름을 쓰고 있는데, 남포를 진남포로 바꾼 것은 일본 당국입니다. 남포는 1897년 10월에 전남 목포항과 함께 개항장이 되었으며, 일본 사람들이 많이 살았습니다. 당시 남포의 증산(甑山, 시루뫼) 남쪽 일부를 '증남포'(甑南浦)라고 했는데, 일제가 이것을 '진남포'라고 잘못 기록해서 행정구역 명칭이 '진남포부(府)'가 되었다는 이야기도 있고, 청일전쟁 때 이곳을 병참기지로 삼아 청군을 눌렀다고 해서 '눌렀다'는 뜻을 가진 '진'(鎭) 자를 붙였다는 이야기도 있습니다. 북녘의 공식적인 문서들에는 후자가 올라와 있는데, 해방 후 일제의 잔재 청산에 적극적이던 북녘의 정권은 진남포를 즉각 남포로 환원했습니다.

남포는 2004년 1월에 평안남도에 소속된 특급시가 되었다가 2010년에 평안남도에서 분립해 특별시로 승격했다고 공식적으로 발표되었습니다. 남포는 특별시로 승격되면서 주변의 룡강군(龍岡郡)과 온천군(溫泉郡), 강서구역(江西區域), 대안구역(大安區域), 천리마구역(千里馬區域), 와우도구역(臥牛島區域), 항구구역(港口區域)을 흡수했습니다.

자, 남포의 이름 이야기는 여기에서 멈추겠습니다. 북녘의 행정구역 변화 문제에 대해서는 앞에서도 언급했고 이후로도 나올 것인데, 사실 이것은 애로사항 가운데 하나입니다. 행정구역에 대해 북녘에서 발행한 명확한 안내자료를 아직 발견하지 못하고 있기 때문입니다. 중국의 경우에는『중화인민공화국행정구획간책』(簡册)이 있어서 이를 일목요연하게 파악할 수 있는데, 북한의 경우에는 북한의 방송이나「로동신문」에 새로운 이름이 등장하면 역추적해야 하는 형편입니다. 간혹「로동신문」에 '정령'(政令)이라는 이름으로 행정구역 변경이 발표되기도 합니다만, 전체적으로 명확하게 보여주는 자료는 아직 찾지 못했습니다.

남포의 장로교회

이제 남포의 교회 이야기를 시작합니다. 한국교회에 큰 영향을 미친 것 가운데 하나가 선교구역 분할정책입니다. 한국에 들어온 장로교와 감리교의 여섯 선교회 대표들은, 한 지역에 여러 선교회가 들어가서 선교하면 불필요한 경쟁과 중복, 마찰, 돈과 힘의 낭비가 일어날 우려가 있다고 판단하여 선교구역을 분할하였습니다. 다만 인구 5,000명이 넘는 개항장이나 도시는 공동의 선교지역으로 삼았습니다. 이를 '교계예양'(教界禮讓)이라고도 부르는데, 이 선교구역 분할정책은 엄격하게 지켜지다가 1930년대 말에 이르러서는 깨졌습니다.

선교구역 분할은 일반적으로 행정구역 단위를 따라 정해졌지만, 기득권을 인정하다 보니 한 행정구역에 두 개의 선교회가 들어가서 경계를 나눠 선교한 경우도 있습니다. 남포특별시에서는 미 북장로회와 미 감리회가 그렇게 하였습니다.

남포는 평양을 배후로 하는 항구인데, 교회도 평양의 영향권 안에 있었습니다. 남포에는 천주교의 교세도 강했는데, 남포의 천주교가 초기에 황해도를 뿌리로 해서 전해진 것과는 대조를 이룹니다.

장로교의 역사를 기록한 『조선예수장로회사기』 상권에 따르면, 남포에 제일 먼저 세워진 장로교회는 1896년에 설립된 노정(蘆井)교회인 것 같습니다. 노정교회 설립에 관한 『조선예수장로회사기』의 기록을 알기 쉽게 고쳐 옮기면 다음과 같습니다.

> 진남포 노정교회가 성립하다. 선시(先是)에 방기창(邦基昌)의 전도로 김제근(金濟根), 김진환(金鎭煥) 양인이 시신(始信)하고, 그 후에 최경현(崔慶鉉), 이승진(李承鎭)이 차신(且信)하야 양화리(陽和里)교회에 왕래하더니 진남포 비석리(碑石里)청년회에서 고승진(高承鎭)을 파송하야 전도한 결과로 신종자(信從者) 7-8인이 증가한지라. 선시(先時)에 교회를 창설(刱設)하고, 최경현, 이승진이 집사로 피임되니라.

여기에 나오는 방기창은 1907년에 장로교 최초의 일곱 목사 가운데 한 분이 되었는데, 황해도 출신이고 천도교의 접주(接主)를 지내다가 개종한 분입니다. 그는 전국 각지를 다니며 전도하였는데, 남포특별시 안에 여러 교회를 세웠고, 용강에서 생을 마쳤습니다.

노정교회는 평서노회에 속해 있었으며, 주소는 평안남도 용강군 양

곡면(陽谷面) 갈천리(葛川里) 378번지였습니다. 현재의 행정구역으로 바꾸면 남포특별시 항구구역 갈천리가 됩니다. '갈천리'라는 이름은 갈장동(葛長洞)과 광천동(廣川洞)을 합해 그 첫 자들을 모아 만든 것인데, 갈장동에는 갈대가 무성한 곳이 있었다고 합니다.

1940년 당시 현재의 남포특별시 지역에는 32개의 장로교회가 있었습니다. 그 가운데 가장 규모가 크고 영향력이 있던 교회는 비석리(碑石里)교회입니다. 비석리교회는 노정교회보다 한 해 후인 1897년에 세워졌는데, 전도에 힘써 억양기(億兩機)교회와 노동(蘆洞)교회를 설립했습니다. 앞에서 말씀드린 방기창 목사가 한때 비석리교회를 담임했습니다.

북녘은 1952년에 행정구역을 개편할 때 여러 개의 리(里)를 합해 하나의 리로 만들었는데, 비석리만은 예외로 상비석동·중비석동·하비석동·문화동 이렇게 넷으로 나누었습니다. 그만큼 비석리가 넓고 중요한 곳이었나 봅니다. 진남포에서 월남한 분들에게 "살던 곳이 진남포의 어디였습니까?" 하고 물으면 "비석리요!"라고 대답하는 분이 많은 것을 보아도 그런 것 같습니다.

남포에는 지방신학교라고 할 수 있는 득신(得信)학교가 있었습니다. 득신학교는 해방 후에도 존속하다가 결국 문을 닫았습니다. 조선그리스도교련맹 설립자이고 한때 북녘의 부주석을 지낸 강량욱(康良煜) 목사가 진남포와 관계가 깊은 인물로 알려져 있는데, 그것은 그가 득신학교의 교원을 지냈기 때문입니다.

강량욱 목사에 대해서는 앞장에서도 잠깐 언급되었는데, 남녘에서는 그를 김일성 주석의 외숙부로 알고 있는 분이 많습니다. 강량욱 목사는 김일성 주석의 외종조부입니다. 외조부의 육촌동생이지요. 강량욱 목사에 대해 자세하게 알아보다가, 남녘에 그의 친척이 의외로 여럿 있는 것을 알고 놀란 일이 있습니다.

남포의 감리교회

감리교는 1894년부터 평양선교의 연장선에서 남포 지역에서 전도활동을 시작했습니다. 1930년대 이후 북녘의 감리교회들은 서부연회에 속해 있었는데, 서부연회 안에는 6개의 지방이 있었습니다. 그 가운데 강서지방과 진남포지방이 남포특별시 지역에 있는 교회들을 관할했습니다. 1938년 당시 강서지방에는 22개의 교회가, 진남포지방에는 21개의 교회가 있었습니다. 합하면 43개로, 장로교회보다 많았습니다. 해방 당시 진남포의 장로교인은 1,485명, 감리교인은 1,325명이었습니다.

남포특별시의 감리교 이야기를 하면서 빼놓을 수 없는 인물이 있습니다. 바로 전삼덕(全三德) 전도부인입니다. 강서에서 출생한 전삼덕은 1894년 평양에서 홀(Hall) 선교사의 부인을 만나 전도를 받고 예수를 믿게 되었습니다. 1895년에 평양을 방문한 스크랜턴(Scranton) 선교사가 전삼덕의 이야기를 듣고 강서를 찾았습니다. 스크랜턴 선교사의 방문을 통해 전삼덕의 남편을 제외한 가족 모두가 예수를 믿게 되었습니다. 그의 남편은 승지와 보령군수를 지낸 양반이었습니다. 스크랜턴 선교사는 전삼덕에게 세례받을 것을 권했으나, 전삼덕은 여자는 모르는 남자와 대면하지 못하는 법(내외법)을 들어 난색을 표했습니다. 스크랜턴 선교사는 방 한가운데 휘장을 치고 머리 하나 내놓을 만한 구멍을 낸 후에 그곳으로 머리를 내밀어 세례받을 것을 권했고, 전삼덕은 이에 따랐습니다. 그녀의 작은딸도 함께 세례를 받았습니다.

전삼덕은 주일마다 100여 리 떨어진 평양의 남산현교회에 가서 예배를 드렸는데, 어머니의 신앙에 감복한 아들이 앞장서서 강서읍교회를 설립하였습니다. 전삼덕은 전도인 훈련을 받고 1901년에 전도부인(Bible Woman)으로 임명받았습니다.

전삼덕은 교회와 학교를 여럿 세웠고, 평생을 전도와 교육, 계몽운동에 바쳤습니다. 그녀의 전도로 예수를 믿게 된 사람이 600명에 이릅니다. 1925년 2월 27일에는 그의 전도로 설립된 9개 교회가 연합하여 "전삼덕 여사 전도 30주년 기념식"을 성대하게 열었습니다.

남포와 관련하여 생각나는 일이 하나 있습니다. 지금 북녘을 대표하는 교회는 평양의 봉수교회로, 몇 해 전까지 손효순 목사가 담임하고 있었습니다. 2010년 3월에 봉수교회를 방문했을 때 그를 만나 인사를 나누는 자리에서 필자가 "저는 감리교회 목사입니다." 하였더니, 그는 "나도 근본은 감리교인입니다."라고 하였습니다. 무슨 뜻이냐고 물었더니, "제 고향이 남포 비석동인데, 어렸을 때 어머니의 손을 잡고 다닌 교회가 감리교회였습니다."라고 대답하였습니다. 교회의 이름과 담임목사님의 이름을 기억하느냐고 했더니, 어렸을 때 일이라 기억나지 않는다고 했습니다. 저는 "남포 비석동에 있었으면 중앙감리교회인 것이 분명합니다. 진남포교회라고도 했고, 비석리교회라고도 했지요. 오인근(吳仁根), 이경선(李慶善), 안석준(安錫濬), 현병찬(玄炳讚) 등 여러 목사님이 이어가며 담임하셨지요."라고 알려드렸습니다.

여러 해 전에 손효순 목사는 암으로 세상을 떠나고, 부목사이던 송민철 목사가 그 뒤를 이어 봉수교회의 담임목사가 되었습니다. 칠골교회도 황시천(일명 황민우) 목사가 세상을 떠나고 부목사이던 백봉일 목사가 담임하고 있는 것으로 알려져 있습니다. 조선그리스도교련맹 위원장 강명철 목사를 비롯하여 북한교회의 중요한 지도자들 대부분이 분단 이전 교회의 체험이 없는 젊은 세대로 교체된 것입니다.

진남포성결교회-다섯 번 문을 닫다

장로교와 감리교에 이어서 이제 성결교 이야기를 할 차례입니다. 진남포에는 진남포성결교회가 있었는데, 이 교회는 다섯 번이나 문을 닫은 교회입니다. 파란만장한 역사를 가진 비운의 교회, 그리고 상징성과 교훈을 가지고 있는 교회입니다.

진남포성결교회는 1908년 5월에 설립되었습니다. 성결교에서 제일 먼저 설립된 교회는 110년 전인 1907년에 무교동에 세워진 중앙성결교회이며(뒤에 동대문 부근으로 이전), 진남포성결교회는 그다음에 세워진 교회 즉 성결교에서 두 번째로 세워진 교회입니다. 무교동에 세워진 중앙성결교회의 처음 이름은 '중앙복음전도관'이었는데, 진남포성결교회의 처음 이름도 '진남포복음전도관'이었습니다. 진남포성결교회를 세운 분은 진남포 출신으로, 일본에서 공부하고 돌아온 강태온(姜泰溫) 전도사와 김혁준(金赫濬) 전도사였습니다.

당시 진남포의 인구는 1만 1,300여 명으로 일본인이 3,000명 가까이 되었고 한국인들은 돈을 벌기 위해 외지에서 이 신흥 항구도시를 찾아온 사람들이 대부분이었다고 합니다.

이 교회를 세운 두 전도사는 힘써 전도했지만, 교회를 유지하기 어려워 1년 만에 문을 닫았습니다. 1년 뒤에 김혁준 전도사가 다시 교회를 시작했지만 어려움이 여전해 1911년에 두 번째로 문을 닫았습니다.

1929년에 성결교는 그때까지 써오던 '동양선교회 복음전도관'이라는 이름 대신에 '조선예수교 동양선교회 성결교회'라는 이름을 쓰기로 하면서, 진남포성결교회를 다시 세우기 위해 진남포 출신인 박정훈(朴貞薰) 전도사를 파송했습니다. 3년 뒤에 오계식(吳癸植) 목사가 부임해서 비석리에 새 예배당을 건축했고, 1936년에 변남성(邊南星) 목사가 중심이 된 '하나님의교회'가 성결교에서 갈라져 나갈 때 오계식 목사가 이에 가담해서 진남포성결교회의 간판을 '하나님의교회 진남포교회'로 바꿔 달았습니다. 진남포성결교회가 세 번째로 문을 닫은 것입니다.

하나님의교회에 반대하는 교인들이 개인집에서 모여 예배를 드렸는데, 일제강점기 말에 일본 당국은 성결교를 강제로 해산했습니다. 진남포성결교회도 네 번째로 문을 닫았고, 당시 교회를 담임하고 있던 이천영 목사는 경찰서에 구속되었습니다.

해방이 되자 진남포성결교회는 문을 활짝 열었습니다. 진남포성결교회의 예배당을 사용하고 있던 '하나님의교회 진남포교회'가 문을 닫아 그 예배당을 되찾아 예배를 드리기 시작했는데 예전의 교인들이 모두 돌아왔다고 합니다. 이때 박용현 목사가 진남포성결교회를 담임했는데, 공산정권의 박해가 점점 심해졌습니다. 박 목사는 1949년 봄 비석리장로교회의 주일 오후예배 설교 시간에 1,500명 안팎의 교인들 앞에서 "공산정부가 교회를 탄압하고 있다. 공산당은 결국 이 땅에서 멸망한다!"라고 외쳤습니다. 그리고 뒷문으로 빠져나와 그 길로 남으로 내려왔습니다.

그 뒤에 정동국 목사가 진남포성결교회를 담임했고 공산정권에 의해 다섯 번째로 문이 닫혔습니다. 그 이후로 70년이 지나도록 문은 아직 열리지 않고 있습니다.

다섯 번 문을 닫은 기록 가운데 처음 세 번은 자체의 어려움 때문이었지만, 네 번째는 일본당국에 의해, 다섯 번째는 공산정권에 의해서였습니다. 앞에서 상징성이 있다고 말한 것은 한국교회의 수난을 상징한다는 의미입니다.

문득 주님께서 빌라델비아 교회를 두고 하신 말씀이 가슴에 크게 메아리쳐 들립니다. "내가 네 앞에 문을 하나 열어 두었는데, 아무도 그것을 닫을 수 없다." 주님께서 그 손에 들고 계신 다윗의 열쇠로 진남포성결교회의 문을, 개항장인 남포특별시 지역 안에 있던 교회들의 문을, 북녘에 있던 모든 교회의 문을 열어주실 날이 기다려지면서 말입니다.

남포특별시는 몇 해 전까지만 하더라도 남녘 인사들이 비교적 자주 방문하던 곳이었습니다. 남녘의 민간단체가 대북지원 물품을 반입하기 위해 남포항을 찾는 일이 많았고, 또 북녘은 그들이 자랑하는 것 중 하나인 서해갑문을 보여주기 위해서 방북자를 이곳으로 자주 안내했기 때문입니다.

저도 몇 해 전에 서해갑문을 가보았습니다. 전망대에서 설명을 들을 때 가운데에 있는 의자에 앉았더니 안내하는 참사가 빙그레 웃더군요. 설명을 끝낸 그 참사가 "이 자리는 로무현 대통령 각하가 앉았던 자리입니다." 하기에 순간적으로 당황했던 기억이 있습니다.

남북관계가 대결에서 대화로 전환되고, 인도적 차원의 대북 지원이 재개될 조짐이 보이는 것 같습니다. 남포특별시를 찾는 남녘 인사, 특히 교계 인사의 발걸음이 많아졌으면 좋겠습니다.

3.

라선특별시

: 건너가게 하여 주십시오

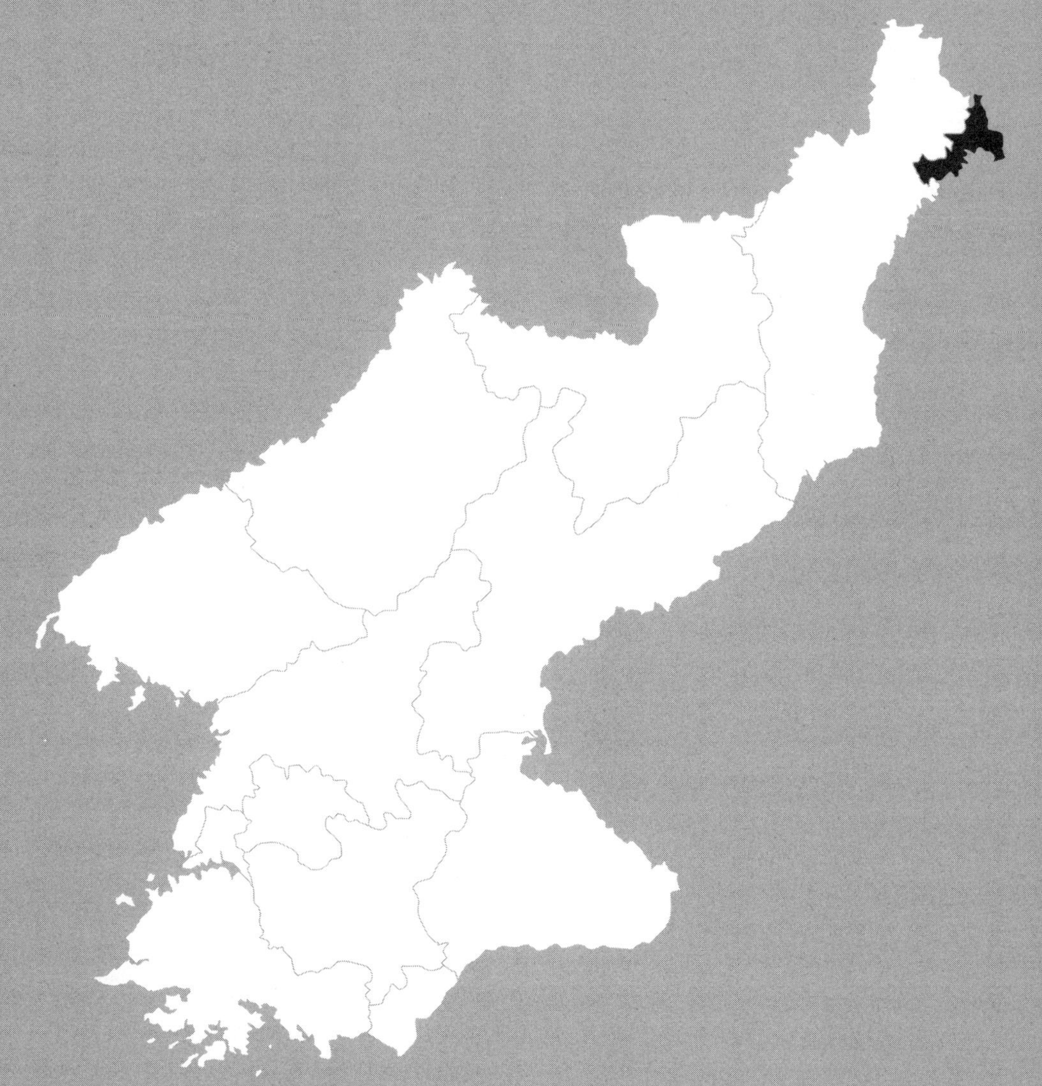

이 책을 쓰면서 통일이 어서 이루어져서, 또는 통일이 되기 이전이라도 북녘의 개방이 이뤄진다면, 현지를 직접 찾아다니며 글을 쓰고 싶다는 바람이 간절해집니다. 그런 날이 온다면 저는 먼저 예전에 교회가 있던 자리들을 찾아 조그만 표지석을 하나씩 세우고 싶습니다.

이 글을 읽고, "'북한'이라는 말을 피하고 '북녘'이라는 말을 일부러 쓰고 있는 것 같은데, 왜 그렇게 하느냐?"라고 묻는 분이 있었습니다. 맞습니다. 사실 의도적으로 그렇게 하고 있는데, '남한'이나 '북한'은 정치성이 묻어 있는 말이어서, 남북회담이나 대북지원을 위해 북측 사람들과 협의를 할 때는 이 말을 피하고 '남측'이나 '북측', 또는 '귀측'이라고 하고 있습니다. 2014년에 열린 인천아시안게임 때 북측 선수단의 한 연습장에 "북한선수단을 환영합니다"라는 플래카드를 내걸었다가 북측의 항의를 받고 철거한 일도 있습니다.

그리고 이 책에서 표준새번역 성서를 사용하는 것은 개역개정판 성서가 북측 사람들의 언어감각과는 거리가 있기 때문이라는 점도 밝혀 둡니다. 여기에는 북측 사람들도 이 글을 읽고 '아, 내가 사는 곳에 이런 교회의 역사가 있었구나!' 하고 알게 되면 좋겠다는 소망도 작용하고 있습니다. 우선 탈북민들이 그랬으면 좋겠습니다. 탈북민 대부분은 자기가 살던 지역에 교회가 있었다는 사실에 대해서는 정말 '깜깜이'들이더군요.

내력이 복잡한 도시

한반도의 동쪽 끝은 독도입니다. 독도를 제외하면 라선특별시가 제일 동쪽에 있는데, 좀 더 정확히 말하면 라선특별시 우암리입니다. 라선특별시는 라진과 선봉이 합해진 곳인데, 먼저 라진에 대해 살펴보겠습니다.

라진은 일본이 1932년 중국 동북지역에 세운 괴뢰국가인 만주국과 깊은 관계가 있습니다. 일본은 라진이, 일본의 니가타(新潟)항과 그들이 만주국의 수도로 삼은 창춘(長春, 당시 이름은 新京)을 연결하는 최단거리 지점에 있다는 것에 착안하여 라진항을 개발하기 시작하였고, 1936년에 시로 승격시켰습니다. 당시 라진시의 행정구역 명칭은 소화통일정목(昭和通一丁目), 대화정일정목(大和町一丁目)같이 왜색 일색이었습니다. 그래서 북녘에서는 라진을 "일제 침략자들의 대륙침략을 위한 군사기지였던 곳"이라고 말하고 있습니다.

선봉의 원래 이름은 웅기(雄基)입니다. 웅기는 북녘이 '군·면·리 대폐합'(행정구역 개편)을 실시한 1952년에 경흥군의 웅기면을 중심으로 해서 신설한 군입니다. 웅기군은 1981년에 선봉군으로 이름이 바뀌었습니다. 웅기는 8·15광복 직전에 소련군이 최초로 상륙한 곳인데, 이것을 기념하여 그렇게 바꾼 것입니다. 북측에서는 이 사실을 김일성 주석을 중심으로 미화하여 선전하고 있습니다. 북측에는 이렇게 정치적인 의미가 부여되었거나, 김일성 주석 집안사람 혹은 가까운 사람의 이름을 딴 행정구역이 여럿 있습니다.

라진과 선봉은 1991년 12월 28일 자유경제무역지대로 선포되었는데, 1998년에는 이 이름에서 '자유'가 빠졌습니다. 북측이 이곳을 경제무역지대로 만든 것은 외국의 자본과 기술을 유치하기 위해서인데, 중국이 실시하는 경제특구제도가 많은 영향을 미친 것으로 보입니다.

라선은 2000년에는 직할시로 승격되었다가 2004년에는 특급시로 격하되어 함경북도에 소속되었는데 2010년 1월 4일, "라선시를 특별시로 한다."라는 정령(政令)이 공포되었습니다. 정령은 북측의 최고인민회의 상임위원회가 채택하고 공포하는 법 문건을 말합니다.

경제적인 필요에 따라 특별시가 되기는 했지만, 라선특별시는 면적 746km^2, 인구 20만 명 안팎의 규모가 작은 도시입니다. 인구로 말하면 북녘에서 18번째의 도시입니다.

장로교회 이야기

라선특별시는 캐나다장로회가 선교를 담당한 지역이었는데, 장로회 선교회들이 주요 거점지역에 세우는 선교지부(宣敎支部, Mission Station)도 없었고, 교회사적으로 특별한 사건이 기록된 곳도 아닙니다.

『1940년도 야소교장로회연감』에 따르면 이 지역에 있던 장로교회 가운데 제일 먼저 세워진 교회는 1906년 10월 15일에 설립된 서포항교회(西浦項敎會)인 것 같습니다.

서포항교회는 이자운(李子雲)이라는 침례교인에 의해 세워졌는데, 나중에 장로교회가 되었습니다. 이 교회는 경흥군 노서면 서포항동에 있었는데, 이곳은 지금 라선특별시 굴포리가 되었습니다. 굴포리는 구석기 시대의 유물들이 많이 발견된 곳인데, 북녘은 이 유적들을 '굴포리 서포항 유적'이라고 부르며 국가지정문화재보존급 제1498호로 지정하여 보호하고 있습니다.

서포항교회 다음에 세워진 것은 1909년에 설립된 웅상교회(雄尙敎會)입니다. 웅상교회는 웅기읍 웅상동 웅상 역전에 있었습니다. 웅상역은 청진과 라선특별시를 연결하는 함북선의 역들 가운데 하나이며, 항구(웅상항)와 목재 가공기지가 있어서 그 규모가 점점 확장되던 역이었습니다.

1920년대 초에 베시(F. G. Vesey, 芮詩) 선교사와 정기현(鄭耆鉉) 동사목사가 웅상교회에서 시무했습니다. '동사목사'는 초기에 '목사 2인 이상이 합력하여 한 교회 혹은 여러 교회에서 동등한 권리로 근무하는 자' 또는 '선교사와 같이 시무하는 자'를 부르던 이름입니다. 베시 선교사는 매우 재미있는 이력을 가진 분입니다. 그는 캐나다장로회 선교사로 1908년에 내한해서 초기에는 대영성서공회 부총무로 일했습니다. 그 이후에는 성공회 선교사로 일하다가 남감리회로 이적해서 강원도 지역에서 활동했습니다. 베시는 1920년에는 다시 캐나다장로회 선교사가 되어 함경도에서 일했습니다. 그가 웅상교회를 담임했던 것은 이 무렵의 일입니다.

1925년에 캐나다에서 연합교회가 결성되어 캐나다장로회 소속 선교사들이 연합장로교로 소속을 바꾸게 되자, 이에 반대한 그는 1926년에 선교사직을 사임하고 귀국했습니다.

1940년대를 전후해서는 이재면(李載冕) 목사가 웅상교회를 담임했습니다. 해방 뒤 그는 평양에 세워진 감리교 신학교육기관인 성화신학교의 교수가 되어 학생들을 가르쳤습니다. 그는 음악에 능해서 1949년 12월 16일에 평양 남산현교회당에서 성화신학교 학생들로 조직된 합창단을 지휘해서 〈할렐루야〉 전곡을 연주했는데, 해방 후 북녘에서 〈할렐루야〉 전곡이 연주된 것은 이것이 처음이고 또 마지막이었다고 전해지고 있습니다.

이 지역에서 일한 목사님들 가운데 김무생(金武生) 목사의 이야기를 하고 싶습니다. 김무생 목사는 경북 경산군 출신으로 숭실전문학교 문과를 졸업하고 일본 니홍대학 법과에서 공부했습니다. 3·1운동 당시에는 평양만세운동에 적극적으로 가담했고, 이어 대구만세운동에도 참여했습니다. 이 일로 그는 2년의 옥고를 겪었습니다.

1933년에 평양장로회신학교를 28회로 졸업한 그는 목사안수를 받은 뒤 토마스기념교회를 담임했습니다. 토마스기념교회는 원래는 조왕리교회(助王里敎會)였는데, 순교자 토마스 목사를 기념하여 토마스의 첫 글자인 'T'자 모양으로 예배당을 다시 짓고 새로운 이름을 갖게 된 교회입니다. 뒤에 일제가 영미인의 이름을 쓸 수 없다고 하여 다시 조왕리교회가 되었습니다. 최근인 2010년에는 그 부근에 평양과학기술대학(현 총장 전유택 박사)이 세워졌습니다.

김무생 목사는 1939년 1월에 나진제1교회에 부임했습니다. 나진제1교회는 1933년 10월 7일에 설립되어 이듬해에 새 성전을 지었고, 1938년에 나진제2교회를 설립했습니다.

성결교회 이야기

현재의 라선특별시 지역에는 다른 곳과 마찬가지로 장로교회가 많았지만, 성결교회와 침례교회도 여럿 있었습니다. 선교지역 분할협정은 장로교와 감리교 선교회들 간에 맺어졌기 때문에 다른 교파들은 이 협정에 제약을 받지 않았습니다.

성결교회로는 웅기교회, 조산교회, 굴포교회(屈浦敎會), 서수라교회(西水羅敎會)가 있었습니다. 웅기성결교회를 중심으로 해서 여러 차례 부흥의 역사가 일어났는데, 1931년 12월 이명직(李明稙) 목사가 인도한 부흥회에서 "형언하기 어려운 놀라운 은혜가" 나타났다는 기록이 있습니다. 이명직 목사는 웅기교회의 부흥회를 마치고 바로 서수라교회의 부흥회를 인도했습니다.

1932년 2월 13일부터 17일까지 웅기성결교회에서는 성결교 제4회

지방회가 열렸는데, 이 지방회는 심령수양회와 사경회, 구령회, 의회를 겸한 모임이었고, 강사는 이건(李鍵) 목사였습니다.

웅기성결교회에서 열린 성결교 지방회에서 첫날부터 회개의 역사가 일어났습니다. 성결교 기관지인 「활천」 1932년 4월호에 그때의 모습이 자세히 기록되어 있습니다.

- 우렁차게 부르는 소리와 박장(박수) 소리는 웅기 일대의 적막을 깨뜨렸다.
- 일동은 장차 그리스도 앞에 나타나 선악 간에 각각 그 몸에 행한 대로 보응을 받을 것을 생각하고, 허위, 거역, 불충성, 무애(無愛), 냉정 등 모든 죄악을 통회자복하였다. 이와 같은 은우(恩雨)는 끝날까지 계속되었다.
- 장내는 곡성이 진동하였다. 웅기읍을 뒤집어놓은 것 같았다. 인근 불신자들은 눈을 뚱그렇게 뜨고 구경하는 자들까지 있었다. 교회 전체는 성화(聖火)에 탔다. 결사적으로 주를 위하여 몸을 바치겠다고 간증하는 형제자매가 시간을 다투어 일어났다.

이 밖에도 당시 뜨거운 회개와 부흥의 역사가 구체적으로 묘사되어 있습니다. 지방회원은 200여 명이었는데, 「활천」은 "밤 집회는 장로교 신자까지 합하여 수백 명이 림림총총(林林叢叢)하게 모여 실로 인산인해를 이루었다."라고 전해주고 있습니다. 그리고 집회의 결과에 대해서는 "신생의 은혜를 받은 자가 7인이요, 정결의 은혜를 받은 자가 38인이요, 결심자가 12인이요, 새로이 부흥 받은 자는 그 수를 헤아릴 수 없었다." 라고 적었습니다.

이 집회의 강사인 이건 목사는 함경남도 북청 출신으로, 평양상수리교회를 담임하다가 모교인 성결교신학교 교수로 부임한 분입니다. 그는 한국전쟁 때 납북되었는데, 발진티푸스에 걸려 세상을 떠난 것으로 전해지고 있습니다. 같은 해 10월에는 강송수(姜松洙) 목사가 인도하는 부흥회가 웅기성결교회에서 열렸는데, 이 부흥회에서는 특히 신유의 은사가 강하게 임한 것으로 기록되어 있습니다. 웅기의 1932년은 원산의 1903년, 평양의 1907년과 같은 의미를 지닌 해라고 할 수 있을 것 같습니다.

성결교 청진지방은 이와 같은 결과에 힘입어 함경도 지방에 네 곳, 중국의 두도구(頭道溝)와 국자가(局子街)에 교회를 개척하기로 결의했습니다. 국자가는 연변조선족자치주 주도(州都)인 옌지(延吉)의 옛 이름인데, 임업국이나 교통국처럼 '국' 자가 붙은 관청들이 많아서 그런 이름을 갖게 되었다고 합니다.

라선특별시 지역에는 침례교회도 여럿 있었습니다. 웅기교회, 라진교회, 홍의동교회 등인데, 이 교회들에 대한 기록이 잘 보이지 않아 안타깝습니다. 사회침례교회를 담임하던 목사의 손녀가 몇 해 전에 탈북을 했는데, 조부의 가정이 몰래 신앙생활을 했다는 것 외에는 알고 있는 것이 별로 없어서 안타까웠습니다. 그 손녀는 현재 탈북민교회(고신측)를 담임하는 교역자의 사모가 되어 부군의 목회를 힘써 돕고 있습니다.

두만강 강가에서

평소에도 그렇지만 여름이 되면 북중접경 지역 비전트립을 다녀오는 분이 많습니다. 앞에서 '만주국' 이야기가 나오고, 여기에서 북중접경 비전트립 이야기가 나와서 드리는 말씀인데, 중국에 가서는 '만주'라는 말은 쓰지 않는 것이 좋습니다. '만주국'은 일본이 붙인 이름이기에 중국에서는 이 말을 아주 싫어하며 공식적으로 '위만주국'(僞滿洲國) 또는 '위만'(僞滿)이라는 이름을 쓰고 있습니다. 한자 표현처럼 거짓으로 만주국이라고 했다는 뜻이지요. 만주 대신 '동북 지역' 또는 '동삼성'이라는 단어를 쓰는 것이 좋습니다.

북중접경 비전트립은 중국 땅을 밟으면서 북녘을 바라보는 '답중망북'(踏中望北)의 여행인데, 라선특별시는 북중접경 비전트립의 마지막 부분인 훠춘시(暉春市)에서 볼 수 있습니다. 훠춘시의 끝부분에 중국, 북한, 러시아가 삼각으로 만나는 곳이 있습니다. 한눈에 세 나라를 볼 수 있는 곳인 방천(防川)을 향해 가면서 오른쪽에 보이는 곳이 모두 라선특별시입니다. 다만 보이는 곳은 중심부가 아니고 변두리라는 점이 아쉽기는 합니다.

중국의 훠춘시에는 취안허통상구(圈河通商口)와 북녘의 라선특별시 원정리(元汀里)를 연결하는 다리가 있습니다. 전에는 좁고 초라한 다리였는데, 2010년 3월에 보수공사에 착수했고, 2014년 9월에 새 다리 건설에 착공하여 2016년 9월에 완전개통하였습니다. 이 다리의 공식 이름은 '중조변경취안허통상구대교'(북녘은 '원정-권하 새 국경다리'로 표기)인데, 이 다리가 바로 라선특별시의 입구입니다. 북녘과 중국은 이 다리의 건설을 위해 2014년 6월 28일 평양에서 "원정-권하 새 국경다리의 공동건설과 관리 및 보호에 관한 협정"을 체결했습니다.

이 다리로 물자와 사람들이 부지런히 오가고 있는데, 라선특별시를 대상으로 하는 대북지원 NGO들도 이 다리를 많이 이용합니다. 초기 대북지원 단체들은 평양보다 라선특별시를 더 많이 출입했고, 지금도 외국 국적을 가진 그리스도인 전문인, 특히 의료인들이 이 다리를 자주 건너고 있습니다.

두만강가에 서서 라선특별시를 바라볼 때 저절로 나오는 기도가 있습니다. 모세가 벳브올 맞은편 골짜기에서 드린 "부디 저를 건너가게 하여 주십시오. 그래서 요단 저쪽 아름다운 땅과 아름다운 산과 레바논을 보게 하여 주십시오."(신 3:25)라는 기도입니다.

하나님은 언제 다리를 건널 수 있게 하실 것인가…. 우리는 모세만큼이나 안타깝고 간절한 마음으로 기도를 드려야 하겠습니다. "우리를 건너가게 하여 주십시오."

4.

평안북도

: 핵분열하는 듯하다

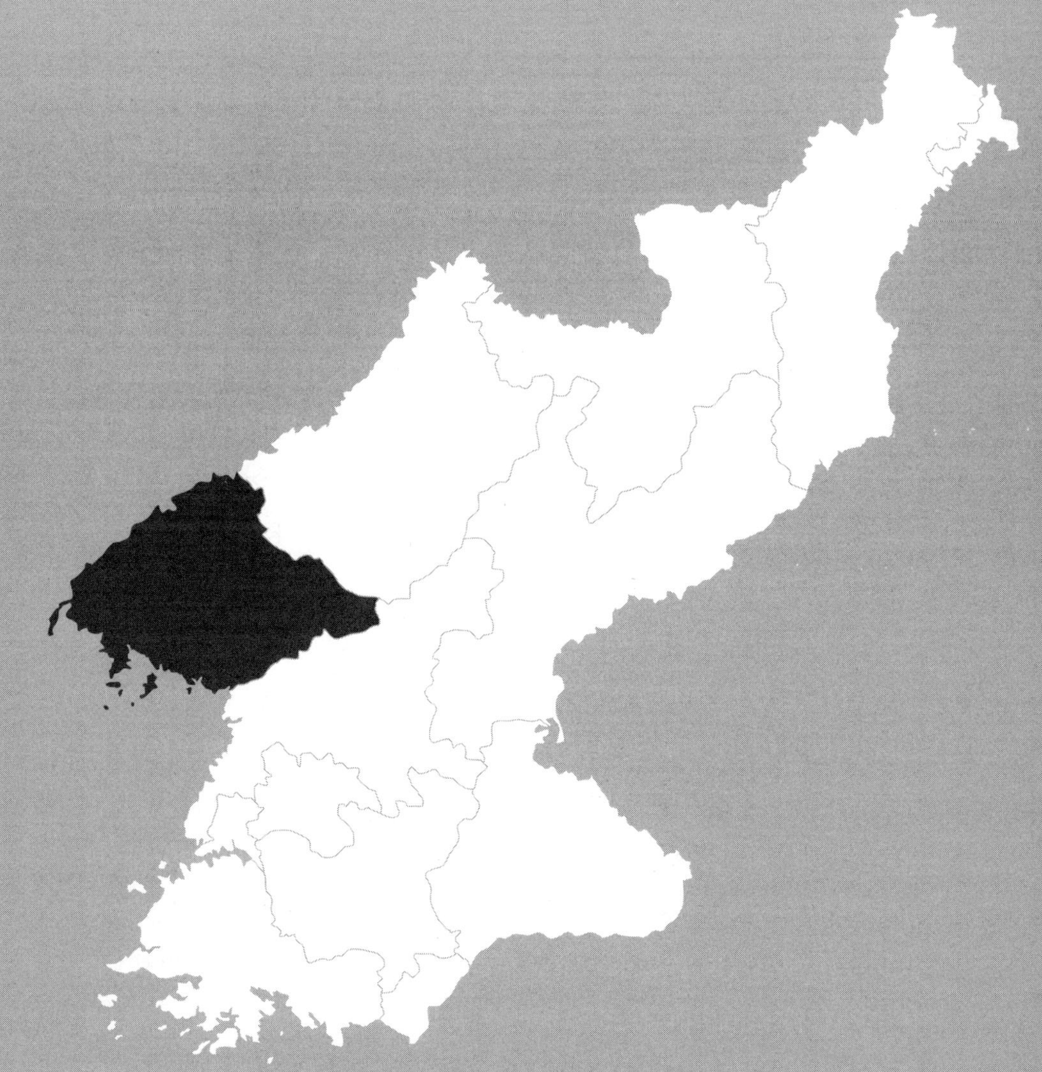

낯익은 이름들

평안도 지역은 이름이 여러 번 바뀌었습니다. 발해는 영토의 남서쪽 변두리인 이곳을 서경압록부(西京鴨綠府)라고 했습니다. 고려시대에는 패서도(浿西道), 얼마 뒤에는 북계(北界)였다가, 조선조에 이르러 평안도가 되었습니다. 1896년(고종 33년)에 조선 8도를 13도로 개편하면서 평안도를 둘로 나누어 청천강 이북을 평안북도라고 하여 오늘에 이르고 있는데, 청천강 북쪽은 청북(淸北), 남쪽은 청남(淸南)이라고 부른 때도 있었습니다.

현재의 평안북도는 3개의 시와 22개의 군으로 이루어져 있습니다.

3개의 시는 도소재지인 신의주(新義州)와 구성(龜城), 정주(定州)이며, 22개의 군은 곽산(郭山), 구장(球場), 녕변(寧邊), 대관(大館), 동림(東林), 동창(東倉), 룡천(龍川), 박천(博川), 벽동(碧潼), 삭주(朔州), 선천(宣川), 신도(薪島), 염주(鹽州), 운산(雲山), 운전(雲田), 의주(義州), 창성(昌城), 천마(天摩), 철산(鐵山), 태천(泰川), 피현(枇峴), 향산(香山)입니다.(녕변과 룡천은 북녘의 표기를 따랐습니다.) 이 가운데 압록강 하구인 신도에서 시작해서 룡천, 신의주, 의주, 삭주는 중국에서 바라보이는 곳들입니다.

이 지명들을 보고, '아니, 낯선 이름들이 많네. 평안북도에는 이런 군이 없었는데….' 하는 분들도 있을 것입니다. 그것은 분단 후에 신설된 군들입니다. 북녘은 1952년 12월에 '군면리 대폐합'이라는 이름으로 대규모의 행정구역 개편을 했는데, 그때 하나의 군을 둘이나 셋, 또는 그 이상으로 쪼개 새로운 군을 많이 만들었습니다. 당시 98개이던 군이 168개로 늘어났는데, 여기 언급한 낯선 이름들은 신도군을 제외하고는 모두 그때 신설되었습니다.

'어, 내 고향이 평안북도인데 내 고향은 빠졌네. 웬일이야?' 하는 분도 있을 것입니다. 북녘은 1949년 1월, 평안북도의 동북부를 분리하여 자강도를 신설하였는데, 자성과 강계를 비롯해서 예전에 평안북도에 속했던 지명들 가운데 여기에 보이지 않는 이름은 자강도로 소속이 바뀌었습니다.('자강도'는 자성군과 강계시의 첫 글자를 따 모아 만든 이름입니다.)

'아, 교회 이야기에 많이 나오는 낯익은 지명이 여럿이네!' 하는 분들도 있을 것입니다. 맞습니다. 평안북도는 그만큼 교회가 매우 왕성했고, 한국교회에 큰 영향을 미친 곳을 많이 안고 있습니다. 간단하게 살펴볼까요?

정주시는 대표적인 기독교 민족사학인 오산학교가 있던 곳입니다. 또한 영변은 1907년까지는 평안북도의 도소재지였는데, 영변이라고 하면 '어이쿠, 핵기지!' 하는 분들이 많을 것입니다. 혹 '영변의 약산'을 기억하여 소월의 시 〈진달래꽃〉을 떠올리는 분들도 있을지 모르겠습니다.

단순히 그 정도에서 그치지 말고, 영변은 기독교 특히 감리교가 왕성했던 지역이라는 점을 꼭 기억하시기 바랍니다. 장로교와 감리교의 선교회들이 선교구역을 나눌 때 평안북도 대부분은 북장로회의 선교구역이 되었는데, 영변과 운산, 태천은 북감리회가 선교를 담당했습니다. 영변에는 북감리회의 선교부(station)가 설치되어 평안도 일대 감리교의 핵심 역할을 했습니다. 1930년대에 감리교에는 중부·동부·서부의 3개 연회가 있었는데, 서부연회가 북녘의 교회들을 관할했습니다. 연회 밑에는 '지방'이 있는데, 서부연회의 지방 목록을 보면 언제나 영변지방이 평양지방을 제치고 제일 앞에 나오는 것을 볼 수 있습니다. 또한 그곳에는 기독교 기관으로 숭덕(崇德)학교와 제중원이 있었습니다. 영변의 3·1운동도 교회를 중심으로 일어났습니다.

영변에서 많은 수고를 한 분은 모리스(C. D. Morris, 慕理是) 선교사입니다. 그는 1900년에 한국에 와서 1905년부터 영변에서 일하다가

1916년에 원주로 옮겼는데, 1925년에 선교 25주년을 맞이하여 그 기념식을 원주에서 하지 않고 영변서부동감리교회에서 했습니다. 그리고 그 이듬해에 강원도 동해안 지역을 순회하며 전도하다 병을 얻어 1927년 1월에 세브란스병원에서 세상을 떠났습니다.

동림군은 차련관(車輦館)교회가 다시 한 번 생각나는 곳입니다. 차련관교회는 철산군 참면(站面) 서부동에 있었는데, 이 교회가 있던 지역은 북녘의 행정구역 개편에 따라 동림군에 속하게 되었습니다. 차련관교회는 해방 후에 한순옥(韓淳玉) 목사가 담임하다가 순교를 당했는데, 한순옥 목사는 부자(父子) 순교자로 잘 알려져 있습니다. 한순옥 목사의 아버지는 북만주 지역에서 전도하다가 목숨을 잃은 한경희(韓敬禧) 목사입니다. 전해지는 말에 따르면 한순옥 목사의 아들 역시 신앙 때문에 처형당했다고 합니다.

구성군 사기면 신시동 258번지에는 문서선교 운동가이며 통합 측의 평신도 총회장을 지낸 한영제(韓永濟) 장로의 모교회인 신시(新市)교회가 있었는데, 이 교회가 있던 지역도 천마군으로 소속이 바뀌었습니다.

벽동군은 한국의 대표적 보수 신학자로 알려진 박형룡(朴亨龍) 박사의 고향이며, 삭주군은 '최권능'이라는 별명으로 더 잘 알려진 최봉석(崔鳳奭) 목사가 회심한 곳으로 알려져 있습니다.

선천군은 기독교의 영향력이 아주 강했던 곳입니다. 요즘 말로 하면 성시화된 지역이었지요. '제2의 예루살렘'이 사실은 선천을 가리키는 말이었다고 하는 분들도 있습니다. 선천 기독교의 중심에는 장로교 최초의 목사 7인 가운데 한 분이자 민족대표였던 양전백(梁甸伯) 목사가 있습니다. 한국 기독교의 대표적 수난 사건인 '105인 사건' 때 선천의 기독교 지도자들이 다수 체포되어 혹독한 고문을 받았습니다.

운산군에는 미국인이 채굴권을 가지고 있던 금광이 있었는데, 광산의 미국인들이 예배를 드리는 것이 계기가 되어 이 지역에 기독교가 퍼지기 시작했습니다.

의주는 한국교회의 고향, 또는 발상지라고도 할 수 있는 곳입니다. 서상륜(徐相崙)을 비롯한 이곳의 청년들이 중국 동북지방에 갔다가 복음과 접하게 되었고, 한국인으로서는 최초로 세례를 받았고, 성서를 한글로 번역하는 일을 했습니다. 의주에는 일찍 신앙공동체가 생겼으며, 1889년 3월에 언더우드 선교사가 이곳을 방문했을 때 집단 강상(江上) 세례가 행해진 일도 있었습니다. 신의주가 1921년에 평안북도의 도소재지가 되기 전까지는 노청이 의주에 있었습니다.

철산군 역시 기독교가 아주 강했던 지역 가운데 하나입니다.

신의주 이야기

룡천을 비롯해서 여러 지역의 이야기가 뒤에 나오기는 합니다만, 다소 주마간산 식으로 살펴본 것 같습니다. 평안북도의 도소재지인 신의주는 좀 자세히 알려드리고자 합니다.

신의주는 늦게 개발된 도시입니다. 따라서 교회 역시 다른 지역에 비해 늦게 설립되기 시작했고, 초기에 일본인들이 집단으로 많이 이주했기 때문에 일본인 교회가 먼저 세워졌습니다. 1910년 8월에 설립된 일본기독교회가 신의주에 제일 먼저 세워진 교회로 보입니다. 시작은 늦었어도 교회는 빠른 시간 안에 왕성한 모습을 보였습니다.

신의주는 성결교회에서 관심을 가져야 할 곳입니다. 해방 전 북녘의 성결교회 가운데 굴지의 교회라고 할 수 있는 신의주서부성결교회와 신의주동부성결교회가 있었기 때문입니다. 신의주서부성결교회는

1927년 4월, 김제근(金濟根) 전도사에 의해 설립되었습니다. 처음에 세워진 곳은 진사동(眞砂洞)이었고, 그 이름이 신의주성결교회였습니다. 4년 뒤 미륵동(彌勒洞)에 예배당을 신축해서 이전하였고, 그로부터 3년 후에 신의주동부교회를 개척하면서 이름을 신의주서부교회로 바꾸었습니다.

신의주동부교회는 1934년 7월, 초음동(初音洞)에 설립되었고 초대 담임자는 김성달(金成達) 전도사였습니다. 이 교회는 1936년 4월, 잘 알려진 부흥사 이성봉(李聖鳳) 목사의 부임을 계기로 크게 부흥하여 1937년에는 2층 벽돌 예배당을 새로 지어 당시 서부 지역 최대의 성결교회로 자리매김을 하였습니다.

성결교회는 1943년에 강제 해산을 당했습니다. 유난히 강한 재림사상이 일제의 미움을 샀기 때문이었는데, 이때 신의주서부교회와 동부교회도 문을 닫았습니다.

신의주에는 감리교회도 하나 있었습니다. 장로교회에 출석하던 교인들 가운데 일부가 별도로 교회를 세울 계획을 마련하고 감리교 총리원 전도국에 목회자를 보내달라고 요청하였습니다. 총리원에서 진남포에서 목회하던 홍현설(洪顯卨) 목사를 파송하여 1937년 7월 4일에 국경회관 건물에서 신의주감리교회가 설립되었습니다. 홍현설 목사는 후에 감리교신학대학 학장을 역임하며 학교를 크게 발전시킨 분입니다. 신의주감리교회는 이후 미륵동의 가옥 한 채를 구입해서 예배당으로 사용했습니다.

한편 신의주에는 윤하영(尹河英) 목사가 담임한 신의주제1교회, 한경직(韓景職) 목사가 담임한 제2교회에서 제7교회까지 있었습니다.

해방 직후 윤하영, 한경직 두 목사가 중심이 되어 우리나라 최초의 정당으로 알려진 사회민주당을 창당했습니다. 사회민주당과 관련해서 기독교와 북녘 정권 최초의 충돌이라고 할 수 있는 용암포 사건이 일어났고, 그 연장선상에서 신의주 학생반공의거가 일어났습니다.

한국전쟁 중이던 1950년 11월 8일, 미 공군은 신의주에 매우 큰 규모의 폭격을 감행해서 시가를 초토화시켰습니다. 신의주에 있던 교회들은 이때 대부분 파괴된 것이 분명해 보입니다. 북을 옹호하기 위해 기록된 것으로 보이는 책 『종교와 사회』(박일석, 삼학사, 1980)에는 이날이 주일이어서 예배 중이던 교인들이 다수 살상당했다고 기록되어 있습니다. 그런데 11월 8일은 주일이 아니고 수요일입니다.

신의주 폭격은 강량욱 목사의 전기 『사랑과 믿음 속에 빛내인 삶』(평양출판사, 2013)에도 언급되어 있는데, 여기에서는 날짜를 밝히지 않고 일요일에 신의주를 폭격했다고 하였습니다. 이 책에 따르면 이날 시내 교회마다 교인들이 가득 모여 안식례배를 드리고 있었는데, 미군이 예배당을 폭격했고 불길 속에서 겨우 뛰쳐나오는 교인들에게도 기총사격을 가해서 제1교회와 제2교회에서만도 수백 명의 교인이 한꺼번에 처참하게 살해되었습니다. 하나님 앞에 엎드려 기도하다 그 모습대로 불타 죽은 장로와 그의 아들도 있었다고 합니다. 가슴을 아프게 만드는 이야기이긴 하나, 한국전쟁 중에 교회마다 교인들이 가득 모여 예배를 드리고 있었다는 이야기는 고개를 갸우뚱하게 만듭니다.

『종교와 사회』에 따르면 이때 신의주제4교회 김상철(金尙喆) 목사는 폭사했고, 제5교회 최용환(崔龍煥) 목사(일본 일치신학교 졸업)는 연로보장과 혜택을 받으며 오래 살아 있었다고 합니다. 한편 신의주에 있던 장로교회들 가운데 담임목사 한 분이 지하교회를 오래 지도했다는 이야기를 몇몇 탈북민으로부터 들은 적이 있습니다.

교회 관련 자료에 따르면 신의주제1교회의 주소는 매지정 8번지이고, 제2교회의 주소는 매지정 6번지입니다. 여기서 말하는 '매지정'은 교회 관련 자료에는 모두 '梅枝町'으로, 북측과 이북5도위원회의 자료에는 '梅池町'으로 기록되어 있습니다. 번지로 보아서는 인접해 있었던 것 같습니다. 제3, 제4, 제5교회도 마찬가지입니다. 미륵동 111번지에 제3교회, 224번지에 제4교회, 242번지에 제5교회가 있었으니까요. 왜 이렇게 밀집해서 교회를 세웠는지, 또 얼마나 가까웠는지 궁금합니다. 요즘 '고향찾기'라는 이름으로, 예전의 주소를 가지고 국가기록원에 보관되어 있는 그 당시의 지적도에서 경도와 위도를 파악해 컴퓨터 프로그램을 통해 구글에서 좌표를 확인한 후 정확한 위치와 현재 모습을 알아내는 일을 하는 단체가 있는데, 그 단체의 힘을 빌려 이 궁금증을 확인해보고 싶은 마음이 생깁니다.

제3, 제4, 제5교회가 있던 미륵동은 돌부처가 있어서 그런 이름을 갖게 되었고, 지금은 '오일동'이 되었다는 사실도 알려드리고 싶습니다. 국제노동자절인 5월 1일을 기념해서 1990년에 이름을 그렇게 바꿨다고 합니다.

신의주가 경부선의 종착점이라는 사실은 모두 알고 계실 것입니다. 동시에 신의주는 목포를 기점으로 하는 국도 1호선(약 943km)의 종점이기도 합니다.

압록강 너머에도 노회들이 분립되다

1912년에 장로교 총회가 조직될 때, 평안북도 지역에 평북노회가 조직되었습니다. 평북노회의 처음 이름은 북평안노회였습니다.

그런데 평북노회 안의 교회가 빠른 속도로 늘어나서 1917년 3월에 초산(楚山)과 강계 등 현재의 자강도 지역을 중심으로 해서 산서(山西)노회가 분립했습니다. 산서노회는 서간도의 통화성(通化省)에 있던 장로교회들도 관할했습니다. 그 이듬해인 1918년에는 의주를 중심으로 해서 의산(義山)노회가 분립되었습니다. 그 후 1934년에 의산노회에서 벽동, 삭주, 창성 3개 군의 교회들을 가지고 삼산(三山)노회가 조직되었습니다. 의산노회는 압록강 건너 중국의 안동(安東, 현재의 단둥)에 있던 교회들까지 관할했습니다.

1941년 11월 21일에 열린 제30회 장로교 총회에서는 안동의 교회들을 중심으로 안동노회를 조직하기로 결정했습니다. 그 뒤 2-3주 후에 화북(華北)노회가 조직되었는데, 화북노회는 해방 전에 마지막으로 조직된 노회입니다. 그러나 이 노회는 중국 전 지역을 구역으로 하는, 독로회 비슷한 성격을 가지고 있어서, 실제로는 의산노회에서 분립한 안동노회가 해방 전 마지막으로 조직된 노회라고 해야 할 것입니다.

1929년에는 평북노회에서 용천(龍川)노회가 분립했습니다. 용천노회는 하나의 군 안에 있는 교회들로 노회를 조직한 '1군 노회'로 유명합니다. 안주(安州)노회, 순천(順天)노회 같이 군의 이름을 딴 다른 노회들도 있지만, 그 노회들은 주변 몇몇 군의 교회까지 관할했습니다.

용천노회에는 중국의 반산(盤山), 영구(營口), 해성(海城)에 있던 교회들이 소속되어 있었는데, 이 교회들을 가지고 1940년에 영구노회가 조직되었습니다. 1939년에는 평북노회에서 평동(平東)노회가 분립되었습니다. 평동노회는 평북노회 본 줄기에서 분립된 마지막 노회로 정주와 박천, 그리고 구성 일부 지역의 교회들을 관할했습니다.

이상을 정리하면 평북노회 본 줄기에서 분립한 노회가 산서노회, 의산노회, 용천노회, 평동노회 넷이고, 분립한 노회에서 다시 분립한 노회가 삼산노회, 안동노회, 영구노회 이렇게 셋입니다. 마치 핵분열하는 모습을 보여주는 것 같습니다.

앞에서 말씀드린 것과 같이 평북노회는 중국에 살고 있는 동포들을 전도하는 데 많은 힘을 썼습니다. 1912년에 노회가 조직될 때 김진근(金振瑾) 목사를 서간도로 파송하기로 결의했고, 1914년에 소집된 제5회 노회에서는 "예수, 천당!"으로 유명한 최봉석(崔鳳奭) 목사를 서간도로 파송하기로 결의했으며, 제6회 노회에서는 한경희(韓敬禧) 목사를 길림 지구 전도목사로 파송하기로 결의했습니다. 1910년대 중반에는 이분들 외에 평북노회의 최성주(崔聖柱), 김덕선(金德善), 차형준(車亨俊) 목사 등이 중국에서 전도활동을 하고 있었습니다.

중국 선양(沈陽)에 있는 서탑(西塔)교회를 방문한 분들이 많을 것입니다. 서탑교회는 1913년에 의주의 여전도회에서 파송한 김덕선 목사가 중심이 되어 설립한 교회입니다. 초기에는 평북노회에, 그다음에는 의산노회 소속이었다가 1931년에 봉천노회가 조직된 이후에는 봉천노회의 중심이 되는 교회로서 많은 일을 했습니다. 지금도 중국 동북 지역 동포교회의 기둥과 같은 역할을 하고 있습니다.

다롄(大連) 사하구구(沙河口區) 홍공가(興工街)의 번화가에는 3층으로 된 홍공가조선족교회가 우뚝 솟아 있습니다. 이 교회는 용천노회 소속으로 출발한 교회입니다. 1938년도 장로교주소록의 용천노회 부분을 보면 '대련교회-대련시 청운대 143번지'라고 명기되어 있는데, 홍공가조선족교회는 이 교회를 뿌리로 하고 있습니다. 이 교회에서 작성한 "대련시 홍공가 조선족교회 력사"에는 이 사실이 명기되어 있습니다. "1930년대 초반 대련시에는 조선족이 2,000명 정도 살고 있었는데 십여 명이 김순도(金淳道) 집사(뒤에 장로가 됨)의 집에서 예배를 드리다가 중국인교회로 옮겼는데, 교인이 늘어나자 예배당 건립에 힘써 1936년에 착공해서 1937년에 완공하였는데, '당시 교회조직은 조선 평안북도 용천노회에 소속되어 있었다.' 1937년 9월에 헌당식을 거행하였다. 목사로

서 김세홍(金世興) 목사님이 부임되었고 …(중략)… 교인수는 약 60명 좌우로 증가되어 있었다."라고 말입니다. 여기 '김세홍'은 '김세홍'(金世鴻)을 잘못 적은 것으로 보입니다.

평북노회는 청천강에서 시작해서 압록강까지를 경계로 하는 노회입니다. 그런데 실제로는 압록강을 넘어서 가지들을 뻗은 것입니다. 해방 후 북한의 장로교회들은 '이북5도연합노회'를 결성하였고, 그 중심에는 평북노회가 있었습니다.

귀환 시대의 예언자인 학개는 성전 재건을 독려하면서 "그 옛날 찬란한 그 성전보다는, 지금 짓는 이 성전이 더욱 찬란하게 될 것이다."(학 2:9)라고 하였습니다. "그 옛날 찬란한 그 성전"은 솔로몬 성전을 말합니다. 개역개정판에는 "이 성전의 나중 영광이 이전 영광보다 크리라"라고 하였습니다. 이 말씀 앞 뒤에는 "나 주의 말이다"(4절), "나 만군의 주의 말이다"(4절, 9절), "나 만군의 주가 말한다."(6절, 7절)라는 말이 있는데 이 말씀이 확실히 이루어진다는 사실을 강조하기 위해서라고 생각합니다. 평안북도에 있던 교회들의 찬란한 역사를 돌이켜보면서 '오 주님, 더욱 찬란한 역사가 그 땅에서 펼쳐지게 하여주소서.'라는 기도를 드리게 됩니다.

학개는 또 "나 만군의 주가 말한다. 내가 바로 이곳에 평화가 깃들게 하겠다."(9절)라고 하였습니다. 전쟁과 관련된 소식들을 들릴 때마다 이 약속도 이루어주시기를 기도하게 됩니다.

5.
평안남도
: 무너진 여호와의 제단을 수축하되

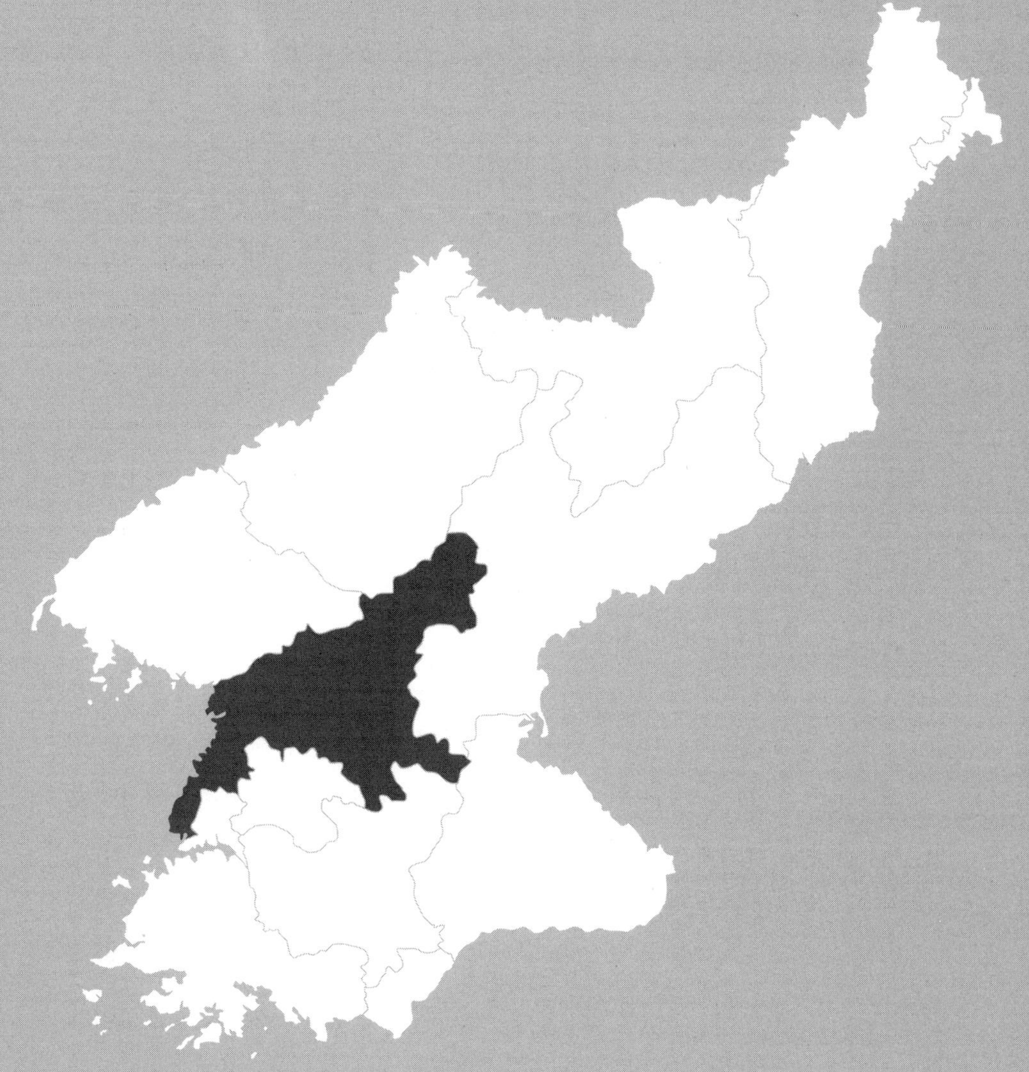

지금의 평안남도

앞에서도 말씀드렸지만, 평안도는 예전에는 '패서도'(浿西道)라고 했고 한때는 '서북면'이라고 했습니다. 우리는 '서북'이라는 말을 많이 씁니다. 특히 한국교회사에는 "한국교회, 특히 장로교는 평안도 중심의 서북계가 주류였다."라는 말이 있는데, 평안도는 이렇게 '서' 자와 관계가 깊습니다.

이 지역은 1413년(태종 13년)에 전국을 8도로 나눌 때 평안도라는 이름을 갖게 되었고, 1896년 전국을 13도로 구분할 때 평안남도가 되었습니다. 해방 후인 1946년 9월에는 평양이 평안남도에서 분립해 북녘의 수도가 되었습니다. 그리고 1964년에는 중화군을 비롯해서 평안남도의 여러 군이 평양에 흡수되었습니다. 평안남도는 여러 시·군을 떼어주고도 북녘에서 인구가 제일 많은 도였으나, 2010년에 남포특급시와 강서군을 비롯한 여러 군이 특별시로 독립하면서 면적과 인구가 많이 줄어들었습니다. 현재 평안남도에는 5개의 시와 14개의 군, 그리고 청남구(淸南區)와 운곡지구(雲谷地區), 득장지구(得將地區)가 있습니다.

구와 지구는 공식 행정구역이 아니라 시나 군급의 기능을 수행하는 특수 행정구역의 명칭입니다. 2014년 7월, 북측이 경제개발구들을 추가로 발표할 때 청남구 룡북리에 청남공업개발구를 설치한다고 했고, 같은 해 11월 14일 자 「로동신문」에 탄광이 많은 득장지구에 250호 500세대의 가옥을 신축했다는 기사가 실렸습니다. 참고로 '득장'의 한자 표기는 장수가 태어난 곳이라는 의미의 '得將', 지하자원이 매장되어 있는 곳이라는 뜻을 가진 '得藏', 그리고 '得場' 이렇게 여러 가지가 있음을 알려드립니다. 청남공업개발구와 함께 평안남도 숙천군의 운정리에는 숙천농업개발구를 설치한다고 했으나, 청남이나 숙천이 어떻게 개발되고 있는지는 파악되고 있지 않습니다.

평안남도의 5개 시는 평성(平成), 개천(价川), 덕천(德川), 순천(順川), 안주(安州)입니다. 평성은 신설된 행정구역으로서 1965년에 평성구가 되었고 1969년에 시로 승격하면서 평안남도의 도청 소재지가 되었습니다. '평성'이라는 이름은 '평양을 보위하는 성새(城塞)'라는 뜻입니다. 이름에서 알 수 있는 것과 같이 평성은 평양을 위한 위성도시, 또는 후방도시의 기능을 가지고 있는 곳입니다.

14개의 군은 녕원(寧遠), 대동(大同), 대흥(大興), 맹산(孟山), 문덕(文德), 북창(北倉), 성천(成川), 숙천(肅川), 신양(新陽), 양덕(陽德), 은산(殷山), 증산(甑山), 평원(平原), 회창(檜倉)입니다.

북장로회와 북감리회의 선교지역

앞에서 북녘의 현행 행정구역에 따른 평안남도의 시와 군들을 소개하였습니다. 지역교회사를 이야기하면서 이렇게 현행 행정구역을 비교적 자세하게 소개하는 이유 중 하나는 이전에 말씀드렸는데, 더 큰 이유가 있습니다. 북녘의 지역교회사나 개(個)교회들에 대해 이야기할 때 '현재'를 중요하게 여겨야 하기 때문입니다. 북녘 행정구역의 큰 틀은 1952년에 짜여져 이제는 굳어져 버렸습니다. 그래서 저는 북녘에 있던 교회들에 대해 이야기할 때 "그 교회가 있던 곳의 현재 행정구역 이름은 이렇습니다."를 빠뜨리지 않습니다. 통일이 되었을 때 또는 그 이전에라도 북측의 여러 곳을 자유롭게 방문할 수 있게 되었을 때 쉽게 찾아가기 위해서입니다.

앞에서 열거한 14개의 군 가운데 맹산은 이화여자대학교 총장과 문교부(현 교육부) 장관을 지낸 김옥길(金玉吉) 박사의 고향이고, 평원은 한경직(韓景職) 목사의 고향입니다.

성천군은 평양 서북쪽에 있는 곳인데, 이곳에는 조선그리스도교련맹 설립자인 강량욱(康良煜) 목사와 관련하여 잘 알려지지 않은 일이 하나 있습니다. 해방 후 북한으로 돌아온 김일성은 자신을 도와줄 인물로, 특히 당시 북녘에서 무시할 수 없는 세력이던 기독교와의 관계를 잘 맺어줄 인물로 자신의 외종조부이며 창덕학교 재학시절 담임교사였던 강 목사를 택했습니다. 2013년 4월에 북녘의 평양출판사에서 발행된 강량욱의 전기인『사랑과 믿음 속에 빛내인 삶』(림이철)에 따르면, 김일성이 이렇게 결정하고 강 목사를 찾았을 때 그는 성천에서 부근의 목사와 장로, 교인들 1,000여 명이 참석한 부흥회를 주관하고 있었습니다. 부흥회 5일째가 되는 날, 강 목사의 아들이 달려와서 "'김일성 장군님'께서 아버지를 찾으신다."라고 하자 강량욱 목사는 "자기가 주관하던 부흥회를 중단하고 함께 와 있던 교직자들이 한사코 만류하는 것을 뿌리치고" 평양으로 가서 김일성을 만납니다. 이것이 1948년 10월 18일의 일입니다.

대조해서 확인할 자료가 없어서 아쉽기는 하지만, 부흥회에 1,000여 명이 모였다는 기록을 통해서 당시 성천 지역의 교세가 매우 왕성했다는 사실을 짐작하게 됩니다. 또 해방 직후 북녘에는 해방을 감사하며 교회의 일시적인 부흥현상이 일어났다고 하는데, 그것도 사실임을 알게 됩니다. 이렇게 해서 김일성의 부름을 받은 강량욱 목사는 이듬해 초에 북조선림시인민위원회 서기장이 되었고, 11월에는 북조선기독교도련맹을 설립했고, 정부의 여러 요직을 거쳐 나중에는 부주석에 올랐습니다.

장로교와 감리교가 선교지역을 분할할 때 평안남도의 양덕군 전부와 여러 군의 일부 지역은 북감리회의 선교지역이 되었습니다. 이처럼 한 군의 일부는 북감리회가, 일부는 북장로회가 선교를 담당한 경우는 평안남도 지역만이 아니라 여러 곳에서 볼 수 있는 현상입니다. 이것은 분할 전의 기득권을 인정했기 때문입니다.

정확하지는 않지만 1938년을 기준으로 헤아려보면, 현재의 평안남도 지역에는 장로교회가 99개, 감리교회가 28개, 그리고 성결교 6개와 군소교단에 속한 교회들, 모두 140개 안팎의 교회가 있었습니다. 대동군만 해도 60개에 가까운 장로교회가 있던 것으로 아는데 왜 그것밖에 안 되느냐고 하실지 모르겠습니다. 이것은 예전 대동군의 여러 지역이 순차적으로 평양으로 흡수되었기 때문이라는 점을 밝혀둡니다.

평안남도에 있던 감리교회들은 모두 서부연회 영변지방(寧邊地方)에 소속되어 있었는데, 여러 곳에 산재해 있어서인지 뚜렷한 자취를 포착하기 어렵습니다.

장로교 총회의 중심이던 평남노회

앞에서 1907년에 장로교의 독로회가 조직된 일을 말씀드렸는데 독로회는 대리회(代理會)들을 두어 전국의 교회를 관할했습니다. 제1회 독로회록 14쪽에 전국 8개 대리회의 이름이 나옵니다. 노회록에 기록된 순서대로 옮기면 북평안, 남평안, 남전라, 북전라, 경상, 함경, 경기, 황해입니다. 대개 한 도가 한 대리회가 되었고, 평안도의 경우 초기부터 두 개의 대리회로 출발한 것을 보면 평안도에서는 장로교가 그만큼 왕성했다는 사실을 다시 한 번 확인하게 됩니다.

1912년에 장로교 총회가 조직될 때 남평안 대리회는 평남노회로 승격되는데, 평남노회는 황해도의 일부 지역도 관할하였습니다. 이 노회는 계속 발전해서 1922년에 평양, 안주, 평서 노회 이렇게 셋으로 분할되어 '평남노회'라는 이름은 사라지게 됩니다. 평남노회는 장로교의 대표적인 노회로서, '총회를 주도한 노회'였다는 말을 듣고 있습니다.

역설적인 이야기이지만 평남노회의 영향력이 얼마나 컸는지는 신사참배를 가결한 제27차 총회를 통해서도 알 수 있습니다. 일본 당국은 신사참배를 가결할 때 평남노회의 후신인 세 노회를 전위대로 내세우기로 하고, 평양노회장이 제안을 하고, 평서노회장이 동의를 하고, 안주노회장이 재청을 하도록 했습니다. 안주노회장 박선택(朴善澤) 목사는 재청을 거부하여 서기가 이를 대신하였고, 박 목사는 경찰에 구금되어 어려움을 겪었습니다. 신사참배가 가결된 후에도 안주노회의 교회 가운데는 신사참배 반대에 적극적으로 나선 경우가 여럿 있습니다.

박선택 목사는 해방 후에도 안주노회를 이끌었는데, 북조선기독교도련맹에 노회 대표 파견을 거부해서 다시 옥고를 겪었습니다. 안주노회는 해방 후 기독교자유당 결성에 앞장서는 등 공산정권에 동조하지 않다가 공산정권으로부터 박해를 심하게 겪었고, 여러 명의 순교자를 배출했습니다.

안주노회는 앞에서 말씀드린 평안도의 여러 행정구역 가운데 개천, 덕천, 순천, 안주, 녕원, 맹산, 평원에 있는 장로교회들을 관할했습니다. 1922년에 노회가 조직될 때는 안주노회에 79개 교회가 속해 있었는데 1938년에는 교회 수가 103개로 늘어났습니다.

안주노회의 교회 가운데 중심이 된 교회는 안주동교회(安州東敎會)입니다. 1899년에 세워진 이 교회의 처음 이름은 성내교회(城內敎會)였습니다. 이후 안주읍교회라고 했는데, 이 교회는 1924년에 안주서교회(나중에 안주중앙교회로 변경)와 안주동교회로 나뉘었습니다.

『조선예수교장로회사기』에는 최인준(崔仁俊), 이진방(李鎭邦) 등이 예수를 믿고 염동(鹽洞)에 셋집을 얻어 예배를 드리기 시작했고, 교인들이 점점 늘어나자 사무엘 모펫 선교사와 블레어 선교사가 와서 교인들을 지도하고 집을 사서 예배당으로 삼았다고 기록되어 있습니다.

안주동교회의 초대 담임목사인 김찬성(金燦星) 목사는 안주동교회와 떼어서 생각할 수가 없습니다. 1907년 대부흥운동의 지도자 가운데 한 분인 그는 안주동교회가 설립될 때부터 지도자로 수고했는데 1908년에는 장로로 교회를 섬겼고, 1909년에 평양장로회신학교를 졸업한 뒤 목사 안수를 받고 초대 담임목사로 부임했습니다.

1912년에 총회가 조직될 때 장로교는 중국 산둥성에 선교사를 보내기로 결의했습니다. 김찬성 목사는 1913년 5월에 현지에 가서 조사를 하고 중국 목사들과 협의해서 선교의 문이 열리도록 했습니다. 이후 그는 3·1운동 때 아들 김화식(金化湜)과 함께 안주의 만세운동을 진두지휘했고, 부자가 이 일로 함께 옥고를 겪었습니다. 3·1운동 후 김찬성 목사는 중국 동북 지역으로 망명을 떠났고 안봉주(安鳳周) 목사가 부임했습니다. 안 목사는 길선주(吉善宙) 목사와 아주 친한 사이였으며 안주노회 초대 노회장을 지냈습니다.

김찬성 목사의 아들 김화식은 뒤에 장로교 목사가 되어 안주동교회를 담임했고, 해방 전후 시기에 장대현교회를 담임하면서 북한의 장로교회를 이끄는 등 많은 수고를 했습니다. 김화식 목사의 아들이 〈가고파〉 등 많은 가곡을 통해 잘 알려진 작곡가 김동진(金東辰) 교수입니다.

안봉주 목사의 뒤를 이어서는 한덕교(韓德教) 목사가 부임했습니다. 한 목사는 안주동교회를 두 번 담임했는데, 두 번째 담임 시기인 해방 전후 어려운 시절에 교회를 이끌다가 공산정권에 의해 순교당한 것으로 전해지고 있습니다.

이어 한승곤(韓承坤) 목사가 안주동교회를 담임했습니다. 한승곤 목사는 한때 산정현교회를 담임하다가 미국으로 건너가서 독립운동을 했고, 그 후 국내로 돌아와서 경창문교회에 이어 안주동교회를 담임했습니다.

안주동교회는 유신(維新)학교와 유치원을 세워 교육에 힘썼고 안주의 여러 곳에 교회를 설립했습니다. 안주동교회의 주소는 평안남도 안주군 안주읍 건인리(建仁里)였습니다. 이곳은 지금 안주시 남천동(南川洞)이 되어 있습니다. 북녘은 안주의 중심부에 있는 건인리, 남천리, 률산리 이렇게 셋을 묶어 하나의 행정구역으로 만들면서 남천리의 이름을 따서 남천동이라고 했는데, 남천동은 안주의 중심부로 청천강에서 가까운 곳입니다.

약전교회 이야기

개인적인 체험을 하나 이야기하려고 합니다. 평안남도 숙천군 약전리에는 북녘의 중요한 협동농장 가운데 하나인 약전농장(藥田農場)이 있습니다. 2009년 10월 8일 자 「로동신문」에는 김일성 부자의 약전농장 현지 지도 40돌을 기념하는 보고회가 열렸다는 기사가 실렸습니다. 이 기사에 따르면 김일성 주석은 1969년에 김정일과 함께 이 농장을 방문했다고 하는데, 농장 입구에는 현지 지도를 기념하는 큼직한 비석이 세워져 있습니다.

2,000년대 중반에 대북지원 NGO(비정부기구 혹은 단체)인 한민족복지재단(현 한코리아)이 복토농법(覆土農法) 보급을 통한 대북지원 활동을 제안했을 때, 북녘에서는 이 농장을 지정해서 그 일을 하도록 했습니다.

이 일로 현지를 여러 번 갔는데, 한번은 '남새조'(채소밭) 저 멀리 한가운데에 큰 건물의 밑부분으로 보이는 것을 발견한 일이 있습니다. 그것이 무엇이냐고 협동위원장에게 물어보니 "교당(敎堂)이었지요. 밑부분이 남아 있어서 창고로나 쓸까 하고 틈나는 대로 벽을 쌓아 올리고 있어요."라고 대답하였습니다. 가슴이 마구 쿵쾅거리면서 열왕기상 18장에 기록된, 엘리야가 무너진 여호와의 제단을 수축하는 장면이 눈에 선하게 떠올랐습니다.

돌아와서 확인해보니 약전교회(藥田敎會)였습니다. 원래의 주소는 평원군 용호면 약전리였지만, 1952년에 북녘이 행정구역을 크게 개편할 때 숙천군에 속하게 되었습니다. 이곳은 약초밭도 많고 약물 가공도 잘하는 곳이라 하여 약전리(원래는 약전동)라는 이름을 갖게 되었다고 합니다. 이 교회를 오래 담임했던 분은 김찬근(金贊根) 목사입니다. 김 목사는 황주읍교회에서 목회하다가 1926년 1월에 약전교회에 부임했으며, 황주읍교회 담임 시절에 3·1운동에 앞장섰고 이 일로 교인 여러 명과 함께 체포되어 고초를 겪었습니다. 김 목사는 안주노회장을 역임하였고 1940년대까지 약전교회를 담임했던 것으로 전해지고 있습니다.

북녘을 몇 차례 방문하면서 여러 가지 경험을 하였지만 이 교회의 자취를 확인한 일은 가장 잊지 못할 일로 남아 있습니다. 그러면서 예전에는 교회당이 분명히 마을 중심에 있었을 텐데 그곳이 저렇게 넓고 넓은 채소밭이 된 것을 보고 '아, 남녘의 교회들은 북한교회 재건이라고 하면 예전에 우리 집안, 또는 우리 가게가 있는 교회가 있었던 자리에 교회당을 다시 세우는 것으로 알고 있는 경우가 많은데, 심지어는 예전 모습 그대로 다시 세웠으면 좋겠다고 하는 분들도 있는데 그런 생각은 버려야 하겠구나!', 깨달았습니다. 북녘은 거의 모든 도시나 취락의 구조가 크게 변했습니다. 상전벽해라는 말 그대로입니다. 그때부터 저는

‘북한교회 재건’이라는 말 대신에 ‘북한교회 회복’이라는 말을 쓰고 있습니다. ‘재건’은 건물을 다시 세우는 것을 의미하는 경우가 많은데, 건물보다도 예전에 교회가 가지고 있던 영향력을 회복하는 것이 중요하다고 여겨지기 때문입니다.

약전교회 이야기를 쓰면서 그 교회가 창고 목적이 아니라 예배 목적으로 회복되고, 그 교회뿐만 아니라 평안남도에 있던 많은 교회가 그렇게 되게 해달라는 기도가 새로워집니다.

6.
황해북도
: '여는 도(道)'가 되기를!

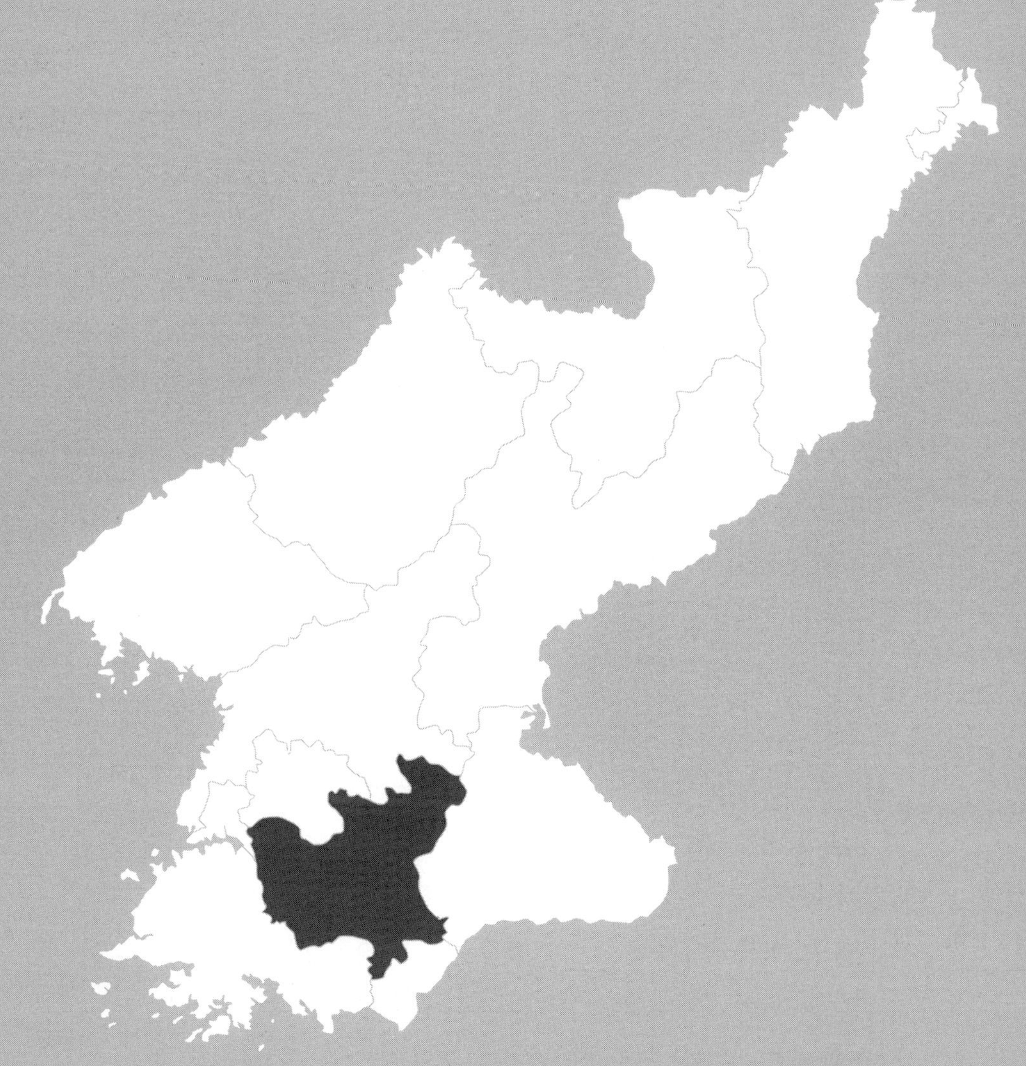

'도력'(道歷)이 복잡한 도

황해북도는 내력이 참 복잡한 도입니다. 황해도는 고려시대에는 한동안 '서해도'(西海道)라고 했고, 조선 초기에는 '풍해도'(豊海道)라고 했고, 좌도(左道)와 우도(右道)로 나뉜 때도 있었고, 또 '황연도'(黃延道)라고도 했다가 1896년에 황해도로 고정되었습니다. 그리고 분단 후인 1954년 10월에 황해남도와 황해북도로 분리되었습니다. 여기까지는 황해남도와 같습니다.

황해도를 둘로 나누면서 이름을 황해남도와 황해북도라고 하였지만, 실제로는 동쪽과 서쪽으로 나누어서 때때로 혼동이 일어납니다. 예를 들어 예전에 경기도에 속해 있었고 지금은 북의 영토 가운데 최남부 중 하나인 개풍군은 황해북도에 속해 있는데, 강화도나 파주의 오두산 통일전망대에서 그곳 주민들이 생활하는 모습을 볼 수 있는 곳인데도 황해남도가 아닌 황해북도에 속해 있으니 말입니다. 장단군과 개풍군의 일부 지역으로 신설한 장풍군 등도 마찬가지입니다. 황해도의 시나 군에 대해 이야기할 때에는 '가만 있자. 이곳이 황해남도에 있나? 황해북도에 있나?' 하며 확인해야 할 경우가 많습니다. 그래서 때때로 '황해동도, 황해서도라고 했으면 편했을 걸…'이라는 생각이 들기도 합니다.

황해북도는 과거 황해도의 동부지역에 분단 이전 경기도의 북부 지역을 흡수해서 만들어졌습니다. 2003년 6월에는, 당시까지 직할시로서 중앙에서 직접 관리하던 개성이 황해북도에 편입됩니다. 개성은 그해 9월에 특급시로 격하되었습니다. 또 2010년에는 평양의 승호구역이 황해북도로 이관되어 승호군이 되었습니다. 이때 평양의 강남군, 상원군, 중화군도 함께 황해북도로 이관되었는데, 무슨 연유인지 강남군은 그 다음 해에 다시 평양으로 편입되었습니다.

현재의 황해북도는 1특급시, 2시, 18군, 1지구라는 복잡한 구조를 갖고 있습니다. 1특급시는 개성이고, 2시는 도소재지인 사리원(沙里院), 그리고 송림(松林)입니다. 18개 군은 곡산(谷山), 금천(金川), 린산(麟山), 봉산(鳳山), 상원(祥原), 서흥(瑞興), 수안(遂安), 승호(勝湖), 신계(新溪), 신평(新坪), 연산(延山), 연탄(燕灘), 은파(銀波), 장풍(長豊), 중화(中和), 토산(兎山), 평산(平山), 황주(黃州)입니다. 이 가운데 낯설게 여겨지는 이름은 1952년 군면리 대폐합 때 신설된 군들입니다. 연산군은 많은 산이 늘어져 있다고 해서, 연탄군은 제비처럼 물살이 빠른 여울인, 연탄(燕灘)이 있는 곳이라고 해서 그런 이름을 갖게 되었습니다.

판문지구는 판문점 때문에 우리에게 퍽 익숙한 이름입니다. 2018년에는 판문점에서 남북정상회담이 두 차례에 걸쳐 열려 세계의 이목이 이곳에 집중되었습니다.

북측은 1952년 12월에 개풍군과 장단군의 일부 지역을 합해 판문군을 신설했습니다. 판문군은 2002년에 폐지되었는데, 그때 개성시 일부와 판문군 일부가 개성공업지구로 지정되었기 때문입니다. 그 뒤에는 판문지구라는 이름이 등장하고 있습니다. 북녘 행정구역에 변화가 감지되면 「로동신문」 등 북의 매체를 잘 살펴서 확인하는 작업을 해야 합니다. 앞에서 승호군 이야기를 했는데, 2012년 4월 30일 자 「로동신문」은 황해북도 승호군이 그해 4월 24일에 최고인민회의 상임위원회 정령에 의해 '모범교육군' 칭호를 받았다고 보도했습니다. 그런데 판문지구라는 이름은 아직까지 잘 발견되지 않고 있습니다.

행정구역 이야기가 좀 길어졌는데, 송림시 이야기를 해야겠네요. 송림시는 1947년에 황주군의 겸이포읍(兼二浦邑)과 송림면을 합해 만들었는데, 제철소로 유명한 겸이포는 왜색이 유난히 짙은 곳이었습니다. '겸이포'라는 이름부터가 일본인의 인명(人名)을 옮긴 것이었고, 일본식 행정구역 단위인 '정'(町)이 붙은 지명이 많던 곳이었습니다. 대정정(大井町, 북측의 기록에 이렇게 나오는데 아마 '大正'의 오기가 아닌가 싶습니다.), 명치정(明治町), 욱정(旭町) 등 이런 식으로 말입니다. 북측은 이 지명들을 '꽃핀동', '새마을동', '새살림동'(1동에서 4동까지 있음), '네길동' 등 순수한 우리말 지명으로 바꾸었습니다.

교회 역사도 복잡했다

황해북도는 교회 역사도 복잡했습니다. 선교 초기, 장로교와 감리교가 선교구역 분할협정을 맺을 때 현재의 황해북도 지역은 미 북장로회와 미 감리회, 남감리회가 지역을 나누어 선교했습니다. 봉산, 서흥, 수안은 미 북장로회와 미 감리회가 한 군 안에서 서로 구역을 나누어 선교했습니다.

장로교의 경우, 황해도의 교회들은 황해노회에 속해 있었는데 평양 가까운 곳에 있는 곡산, 수안, 황주 등지의 장로교회들은 황해노회가 아닌 평양노회에 속해 있었습니다. 황해도의 장로교회 가운데는 평양장로교회의 영향 아래 세워진 교회가 많이 있습니다.

황해북도 교회의 이러한 '혼성' 현상은, 1931년 6월 10일에서 19일까지 개성 북부교회에서 열린 '기독교조선감리회 동부·중부·서부 제1회 연합연회 회록'의 사리원지방 감리사 안석준(安錫濬) 목사의 보고에서도 잘 나타납니다. 안 목사의 보고 가운데 "사리원은 우리 교회가 시작하고 일을 경영하는 지가 만 9년이라 하는데 전선(全鮮) 안에서 교파 많기로 유명한 곳이웨다. 이제 7교파가 있고 3,000명이 넘는 교도가 있나이다. 그런 중에도 장로교회가 우세를 가진 지대이웨다. 인구는 주밀하여 금년 조사로 호수(戶數)가 5,200이 넘고 인구가 2,300이 넘는 시가이오며 요좀 같은 불경기라도 매월 평균 100여 호씩 새 집을 짓는다 합니다."라는 대목이 들어 있습니다.

안석준 목사가 말한 사리원의 7교파 가운데 성결교회를 살펴봅니다. 성결교회는 황해도에 교회를 세울 계획을 세우고 1926년 6월에 이준수(李晙洙)와 변남성(邊南聖)을 파송하였습니다. 사리원의 성결교회는 순조롭게 성장했으나, 1936년 제3회 성결교총회에서 사리원성결교회의 개척자 가운데 하나인 변남성 목사를 비롯한 여러 명이 성결교회에서 탈퇴해 하나님의교회를 세우는 일이 일어났습니다. 이에 따라 사리원하나님의교회가 세워졌습니다.

성결교는 일제강점 말기 강제해산이라는 비운을 겪었습니다. 해방 후 이천영(李泉泳) 목사를 중심으로 사리원성결교회가 재건되었으나, 한국전쟁 후 더 이상 유지되지 못하고 오늘에 이르고 있습니다.

장로교의 황해노회록에는 사리원에서 감리교가 전도를 시작한 일에 대한 문의가 기록되어 있는 것을 볼 수 있습니다.

안석준 목사는 사리원의 '호황'에 대해 말했는데, 사리원은 원래 행정구역 이름이 아니었고 '사리(沙里)에 있는 역원(驛院)'이라는 뜻이었습니다. 교통의 요지라는 것입니다. 사리원은 1905년에 경의선이 개통되면서 더욱 번성하기 시작해서, 1912년에는 봉산군청이 봉산읍에서 사리원으로 이전하였고, 일제 말기 인구가 이미 5만 명이 넘어 시로 승격할 조건을 구비하고 있었습니다. 사리원은 1947년에 봉산군에서 독립하면서 사리원시가 되었으며, 황해도가 황해남도와 북도로 나뉠 때 황해북도의 도소재지가 되었습니다. 지금도 평부선(平釜線, 북측이 평양과 부산을 잇는다는 뜻으로 붙인 이름)과 해주청년선이 교차하고, 평양과 개성 간의 고속도로가 통과하며, 황해북도 각 지역을 연결하는 도로망이 형성되어 있습니다.

황해북도의 장로교회들은 황해노회가 관할하고 있었습니다. 황해노회는 1912년의 조선예수교장로회 총회 조직을 앞두고 1911년 12월 8월에 봉산군에 있는 모동교회(慕洞敎會, 다른 이름 敬天里敎會)에서 조직되었습니다. 초대에서 제6대까지는 쿤스(E. W. Koons, 君芮彬), 샤프(E. C. Sharp, 史佑業), 커(W. C. Kerr, 孔韋亮) 등 미 북장로회 선교사들이 노회장을 맡았으며, 한국인 최초의 노회장은 1914년 제7대 노회장으로 피선된 최승현 목사입니다. 최승현 목사의 뒤를 이어 부흥사로 잘 알려져 있고, 한국전쟁 당시 비극적인 최후를 맞이한 김익두(金益斗) 목사가 9대와 10대(1915-16) 노회장을 맡았습니다.

1939년 9월에는 평양노회에 속해 있던 황해도의 교회들을 중심으로 황동노회(黃東老會)가 조직되었습니다. 그 무렵에는 장로교와 감리교의 선교구역 분할협정이 더 이상 지켜지지 않아, 황동노회는 감리교 선교구역이던 춘천 선교에 착수하였습니다.

분단 후에는 옹진군과 연백군을 중심으로 황남노회(黃南老會)가 조직되어 전도활동을 했는데, 토마스기념전도단이 중심에 있었습니다.

「로동신문」이 증언하는 개성교회의 왕성한 활동

황해도는 감리교의 활동도 활발하던 곳이었습니다.

황해북도의 감리교 이야기를 하면서 웬일인지 지금 새롭게 조명을 받고 있는, 이용도(李龍道) 목사의 이야기를 꼭 하고 싶어집니다. 이용도 목사의 출생지와 신학교 입학 이전에 학창시절을 보낸 곳이 현재의 황해북도이기 때문입니다.

2017년 12월 12일(화)에 서울 마포중앙감리교회에서 기독교대한감리회 32회 총회 신학정책 및 이단대책위원회 주관으로, 예장 통합을 비롯한 8개 교단의 이단대책위원장들을 초청하여 이용도 목사에 대한 이단 논란과 시비를 종식하기 위한 포럼이 열렸습니다. 마포중앙감리교회의 옛 이름은 도화동교회인데 이용도 목사는 1932년에 이 교회에서 부흥회를 인도한 일이 있었습니다.

이용도 목사는 1901년 4월 6일 황해도 금천군 서천면 시변리에서 출생했습니다. 북측의 행정구역 개편에 따라 그가 태어난 곳은 황해북도 토산군 토산읍이 되었습니다. 그는 자신의 고향에 있는 시변리감리교회(市邊里監理敎會)에 출석했습니다.

이용도는 시변리 공립보통학교를 졸업한 뒤 개성의 한영서원(뒤에 송도고보로 개명)에 입학했는데, 이 무렵에 민족운동에 앞장섰다가 여러 차례 옥고를 겪었습니다. 송도고보 교장 시절에 이용도를 눈여겨보았다가 협성신학교(현 감신대) 교장으로 자리를 옮긴 왓손(A. W. Wasson, 王永德) 선교사가 이용도에게 신학교 입학을 강권하여 그는 1924년에 협성신학교에 입학하였습니다. 이용도는 1928년에 졸업을 하고 전국을 무대로 부흥운동을 하며 많은 파란을 겪다가 1933년 10월 2일에 세상을 떠났습니다. 감신대 캠퍼스에는 이용도 목사를 기념하는 그리 크지 않은 비가 2001년 11월에 세워졌습니다.

이용도 목사가 태어난 시변리 부근에는 성빈리(聖濱里)가 있었습니다. 성인이 날 만한 내가 있는 지역이라 하여 이런 이름이 붙었다고 합니다. 의미는 다르지만, 가난하여 장례식 때도 널을 옮길 상여가 없어 나무조각 몇 개로 상여를 대신했던, 성빈(聖貧)의 삶을 산 이용도 목사를 연상하게 하는 지명이 아닐 수 없습니다.

이제 개성 이야기를 해야겠습니다. 흔히들 감리교의 황해도 선교는,

복음이 인천-강화의 연장선상에서 북상하고, 평양에서 남하하는 '투 트랙'으로 이뤄졌다고들 이야기합니다. 황해북도의 감리교회들은 평양에서 시작되어 남하하는 루트에 의해서 이뤄졌고, 해주를 비롯하여 황해남도 지역은 대부분 북상루트에 있었다는 뜻인데 사실은 둘이 아닌 세 경로라고 해야 맞습니다. 남감리교의 개성 전도가 있기 때문입니다.

개성은 남감리회의 집중전도가 이뤄진 곳입니다. 남감리회의 개성 선교부는 서울 선교부보다 규모가 컸습니다. 개성에는 남부교회, 동문내교회, 북부교회, 중앙교회, 한천동교회의 5개 교회와 송도고보, 미리흠여학교, 호수돈여학교 등의 기독교교육기관과 남성병원이 있었습니다. 초창기 선교는 교회와 학교와 병원이 삼각편대를 이루는 경우가 많았는데, 개성은 그 전형적인 모습을 보여주는 셈입니다. 또 사회봉사기관으로 고려여자관과 중앙회관이 있었습니다. 한마디로 종합선교 또는 통전적 선교가 행해진 것입니다.

1927년 11월 5일 자 「동아일보」에는 개성 탐방 기사가 실린 적이 있습니다. "…시내에는 북부, 중앙, 남부, 동문내, 한천동 등 5개소의 예배당이 있어서 2,000여 명의 신도를 포용하고 있으며, 북부와 중앙, 남부의 3예배당은 어느 것이나 화강암으로 축조한 바 상당한 건물이 되어 시내의 위관을 더욱 도웁는데…"라고 하였고 이어 각 예배당의 신도 수 조사표를 실었는데, 북부예배당 692명, 중앙예배당 393명, 남부예배당 550명, 동문내예배당 321명, 한천동예배당 116명으로 적혀 있는 것을 볼 수 있습니다. 또한 이 기사는 개성의 유년주일학교는 27개 교, 학생은 1,300명이라고 밝히고 있습니다.

당시 개성의 기독교가, 특히 선교사들이 왕성한 활동을 했다는 사실을 잘 알려주는 것은 아이러니하게도 북의 로동당 기관지인 「로동신문」입니다. 2006년 10월 21일 자 「로동신문」 5면에는 장문의 개성시계급교양관 방문기가 실려 있습니다. 이 기사는 "얼마전 우리는 개성시계급 교양관에서 조선인민의 철천지 원쑤 미제의 새로운 만행자료들을 많이 발굴수집하여 당원들과 근로자들에 대한 계급교양사업을 생동하고 실감있게 벌리고 있다는 소식을 듣고 이곳을 찾았다."라는 말로 시작됩니다. 이어지는 기사 내용을 그대로 인용해봅니다.

> 북부례배당, 남부례배당을 비롯하여 개성땅에 세운 례배당이 40여 개나 되었다는 자료는 미국놈들이 우리 인민들의 계급의식을 마비시키고 종교를 퍼뜨리기 위해 얼마나 악랄하게 책동하였는가를 잘 보여준다. "놈들은 개성땅에 여러 개의 학교를 세우고 운영하면서 거기서 숱한 저들의 앞잡이들도 길러냈습니다."

여기에서 여러 개의 학교를 세웠다고 한 것은 반미교양관 강사의 설명입니다. 개성에 세운 예배당이 40여 개나 되었다고 한 것은 인근 개풍군에 있는 교회까지 포함한 것으로 보이는데, 비난을 하기 위한 기사이기는 하지만, 개성 지역에 교회와 기독교 기관이 많았다는 것을 스스로 밝혀주고 있는 것입니다.

이 기사는 반미교양관 1호실을 자세하게 소개하고 있습니다. 반미교양관 1호실에는 "《자선》과 《박애》의 너울을 쓴 승냥이"라는 글이 붙어 있다고 합니다. 선교사들을 가리키는 말이지요. 이 기사는 당시 개성에서 일했던 선교사들의 이름을 언급하며 심한 공격을 퍼붓고 있는데 제일 먼저 나오는 이름이 위임스(위임세)입니다.

> 어느날 선교사 위임스(위임세)놈은 례배당에 사람들을 모

> 아놓고 《하나님》의 이름으로 병을 고쳐준다고 뇌까리면서 한 《장님》을 자기 앞에 내다 앉히였다. 이놈은 고양이눈을 사르르 감은 채 가슴에 두손을 맞대고는 무어라고 중얼거렸다. 그리고 《장님》의 눈을 문지르기 시작했다. 이윽고 《장님》이 눈을 떴다고 하면서 《하느님》께 감사를 드린다고 야단법석하는 연극을 놀았다. 사람들이 헤쳐간 다음 선교사놈은 《배우》역을 한 지주아들놈을 칭찬하였다.

이 기사에서 형편없는 사기꾼으로 매도당한 위임스는 윔즈(C. N. Weems, 魏任世) 선교사를 말합니다. 윔즈 선교사는 남감리교 선교사로 1909년에 한국에 와서 개성의 동문내교회와 서부교회를 담임하였고, 송도고보 교장으로 수고했으며 개성지방 감리사를 역임했습니다. 그는 1933년에 원산으로 옮겨 일하다가 일제가 선교사들을 강제로 추방할 때 한국을 떠났는데, 그의 부인 스미스(E. E. Smith, 施律忍) 선교사와 아들들도 여러 분야에서 한국을 위해 일했습니다.

앤더슨(L. P. Anderson, 安至善) 선교사에 대해서는 "선교사의 탈을 쓰고 개성땅에 기여든 앤디슨(안지선)놈은 《남성병원》을 차려놓고 원장으로 있으면서 종교를 퍼뜨리였다. 병원에서는 환자들에게 병을 고치려면 《하느님》께 기도를 드려야 한다고 하면서 기도실을 꾸려놓고 매일 기도를 드리게 하였다."라고 하면서 "놈들은 입원환자를 실험대상으로 삼고 교활한 방법으로 극비밀리에 살해하고는 인민들의 눈이 무서워 사체실로부터 병원뒤산으로 빠지는 통로로 밤에만 시체를 내다 묻어버리였다."라고 했습니다.

남성병원은 지금은 개성아동병원으로 되었고, 200병상 규모이며, 연평균 3만 5,000여 명의 18세 미만 아동환자들을 치료하고 있는 것으로 알려져 있습니다.

이 기사는 호수돈여학교 교장을 지낸 와그너(E. Wagner, 王來) 선교사에 대해서도 '교장 웩레(왕래)년'이라는 호칭을 반복해서 사용하며 온갖 험담을 퍼붓고 있습니다.

행간을 통해 '아, 개성의 교세가 대단히 왕성했구나!' 하는 사실을 파악하면서도 지나친 욕설과 비난이 마음을 씁쓸하게 만드는 것을 막을 수가 없습니다.

'개성'을 글자 그대로 풀면 '문을 여는 성'이 됩니다. 그런데 지금 개성은 문을 굳게 닫아걸고 있습니다. 우선 개성공단부터 그렇습니다. 문득 김삿갓의 일화가 생각납니다. 그가 개성의 어느 집 문 앞에서 하룻밤 재워주기를 청했는데 집주인은 문을 닫아걸고 땔감이 없어 못 재워준다고 했습니다. 김삿갓은 4행시를 지어 주인을 조롱했는데 앞의 2행이 이렇습니다.

邑號開城何閉門(읍호개성하폐문)
- 고을 이름이 개성인데 어찌 문을 닫으며
山名松嶽豈無薪(산명송악개무신)
- 산 이름이 송악인데 어찌 땔나무가 없다는가

남녘과 거의 맞붙어 있는 황해북도의 초입에 '연다'는 뜻을 지닌 개성특급시가 자리잡고 있다는 사실이 무척 의미 있게 여겨집니다.

하나님은 고레스 왕에게 "주께서, 기름 부어 세우신 이에게 말씀하신다. '고레스에게 말한다. 내가 그의 오른손을 굳게 잡아, 열방을 그 앞에 굴복시키고, 왕들의 허리띠를 풀어놓겠다. 그가 가는 곳마다 한 번 열린 성문은 닫히지 못하게 하겠다. 고레스는 들어라. 내가 너보다 앞서 가서 산들을 평지로 만들고, 놋쇠 성문을 부수며, 쇠빗장을 부러뜨리겠다. 안 보이는 곳에 간직된 보화와 감추어 둔 보물을 너에게 주겠다. 그때에 너는, 내가 주인 줄을 알게 될 것이고, 이스라엘의 하나님이 너를 지명하여 불렀다는 것을 알게 될 것이다."(사 45:1-3)라고 하셨습니다. 또 요한계시록에는 "빌라델비아 교회의 천사에게 이렇게 써 보내어라. '거룩하신 분, 참되신 분, 다윗의 열쇠를 가지고 계신 분, 여시면 닫을 사람이 없고, 닫으시면 열 사람이 없는 그분이 말씀하신다. 나는 네 행위를 안다. 보아라, 내가 네 앞에 문을 하나 열어 두었는데, 아무도 그것을 닫을 수 없다. 네가 힘은 적으나, 내 말을 지키며, 내 이름을 모른다고 하지 않았다."(계 3:7-8)라는 말씀이 있습니다.

이 말씀과 같이 놋쇠 성문이 부서지고, 쇠빗장이 부러져 개성이 이름 그대로 문을 여는 성이 되고, 요한계시록의 말씀과 같이 다시는 닫히지 않는 성이 되기를 바라는 마음이 새로워집니다.

7.
황해남도
: 거기 소래교회가 있었다!

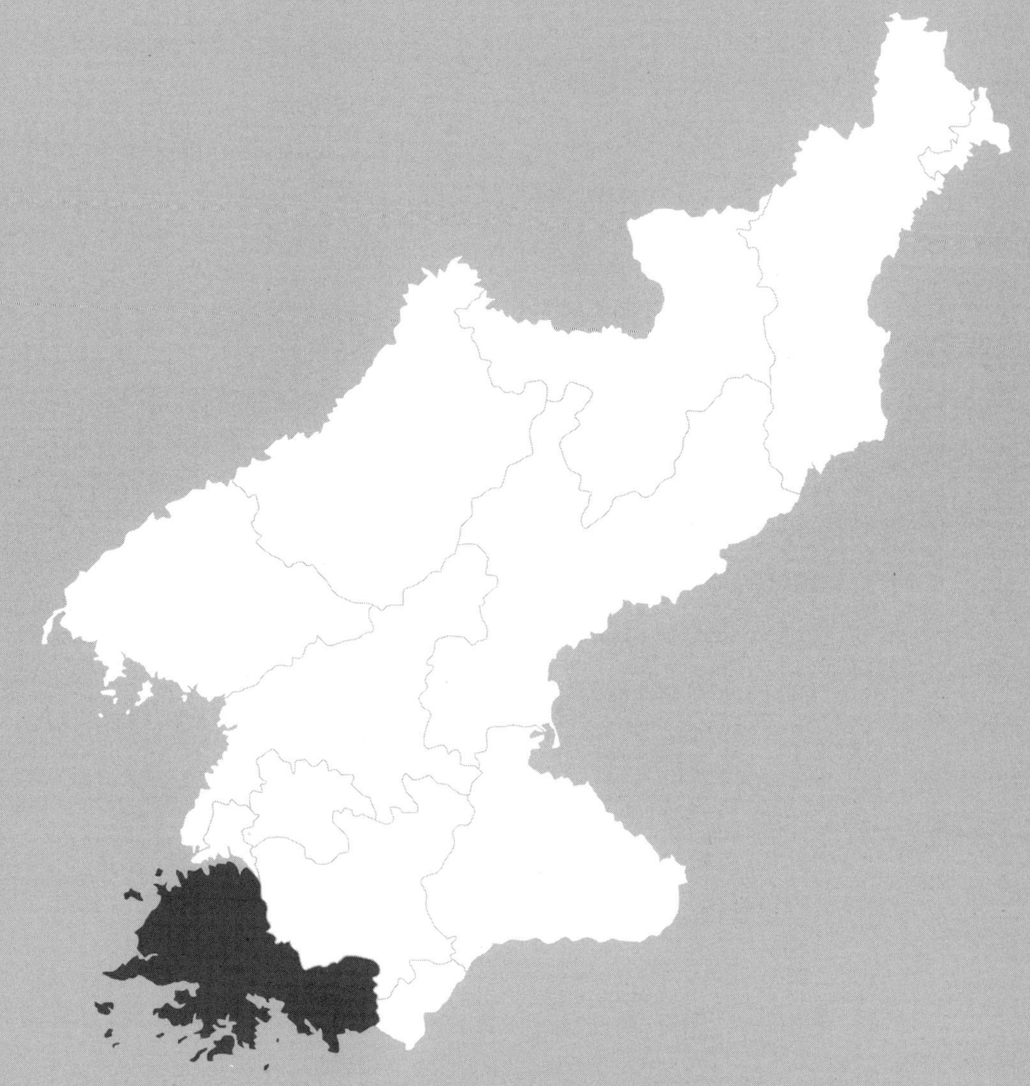

'군면리 대폐합'의 영향을 크게 받다

북녘은 1954년에 황해도를 황해남도와 황해북도로 나누었습니다. 이미 여러 차례 말씀드린 것처럼 북녘은 1952년 12월에 '군면리 대폐합'이라는 이름으로 면을 없애고, 군을 분할하고, 리를 폐합했으며, 그 이후에도 계속해서 행정구역을 손질해오고 있습니다. 김일성 주석은 군면리 대폐합을 앞두고, "행정구역은 군을 세분화하고 리를 좀 더 크게 만들며 필요한 곳에는 읍과 로동자구를 내오는 방향에서 전반적으로 개편하게 됩니다."라면서, 행정구역을 개편하는 중요한 목적은 리 인민위원회 사업을 더욱 강화하려는 데 있고, 그 의의는 군 인민위원회의 기능과 역할을 높이며 인민대중과의 연계를 더욱 민활히 하려는 데 있다고 밝혔습니다.["지방행정체계와 행정구역을 개편할 데 대하여"(1952), 『김일성저작선집 1』(평양: 로동당출판사, 1980), 375-380.]

북녘은 한국전쟁이 한참이던 때에 군면리 대폐합을 실시했습니다. 전쟁의 와중에 이런 큰 작업을 한 것이 놀랍게 여겨지기도 합니다. 북녘이 행정구역을 개편하면서 도와 군을 많이 늘린 것에 대해 남녘에서는 '장차 남북총선거를 실시할 때 인구비례로 대표를 선출하면 인구가 적어서 불리하니까 지역대표제를 주장하기 위해 그렇게 했다.'는 말이 꽤 설득력 있게 나돌았습니다.

황해남도는 행정구역 개편의 영향을 많이 받은 곳입니다. 현재 황해남도에는 도소재지인 해주시(海州市)와 강령(康翎), 과일, 룡연(龍淵), 배천(白川), 벽성(碧城), 봉천(峰泉), 삼천(三泉), 송화(松禾), 신원(新院), 신천(信川), 안악(安岳), 연안(延安), 옹진(擁津), 은률(殷栗), 은천(銀泉), 장연(長淵), 재령(載寧), 청단(青丹), 태탄(苔灘) 등 19개의 군이 있습니다. 낯설게 여겨지는 군명(郡名)이 여럿인데, 그 군들은 1952년의 군면리 대폐합 때 기존의 군에서 분립한 것들입니다. 다만 과일군은 1952년이 아닌 1967년 10월에 송화군에서 분립되었습니다. 북녘은 과일군을 '세계적인 규모의 과수종합농장이 있는 곳'이라고 선전하고 있는데, 2017년 9월 21일 자 「로동신문」은, 김정은 위원장이 추석을 앞두고 "당 제7차 대회 결정관철을 위한 첫해에 세상이 부럽도록 희한한 과일 대풍을 안아온 과수의 고장 황해남도 과일군을 현지 지도하시였다."라고 보도해서, 핵 문제로 살벌한 판에 이색적인 행보를 했다는 말이 나돌았습니다.

앞의 지명들 가운데 배천군은 한자를 그대로 읽으면 '백천'이지만 북녘에서는 '배천'이라는 이름을 공식적으로 사용하고 있습니다. 봉천군의 경우 원래 이름은 평산군이었으나 1952년에 구역을 일부 조정하고 이름을 평천군으로 바꾸었다가 1990년에 봉천군으로 재차 개명하였다는 것을 말씀드립니다.

소래교회 예배당이 남아 있을까

황해남도는 면적이 작습니다. 자강도의 면적이 1만 6,765km²인 데 비해, 황해남도는 159개의 섬을 포함해도 자강도의 절반인 8,450.3km²밖에 되지 않습니다. 그러나 교회사적으로는 의미가 큰 사건이 많았던 곳입니다. 이제부터 그 일들을 추려보려고 하는데 아무래도 제일 먼저 언급해야 할 것은 소래교회의 설립입니다.

소래교회는 '미조직'이라는 꼬리표가 붙어 있기는 하지만 한국 땅에 가장 먼저 세워진 교회입니다. 이 교회는 우리 신앙 선배들의 노력에 의해 자력으로 세워진 교회라는 점에서 의미가 더욱 큽니다. 교회사를 연구하는 한규무 교수(광주대)는 "한국 개신교 기년(紀年) 설정의 현황과

쟁점"이라는 글에서, 한국인 신앙공동체의 형성을 한국 개신교의 기년으로 보아야 한다고 주장하면서 자신은 소래교회가 설립된 1885년을 한국 개신교의 기년으로 본다고 하였습니다. 소래교회의 설립 연도에 대해서는 소래교회 출신들이 내세우는 1883년 5월 16일이라는 주장을 비롯하여 1884년 설(민경배), 1885년 설(『조선예수교장로회사기』, 김양선) 등 여러 주장이 있습니다.

한규무 교수는 소래교회 설립에서 큰 역할을 한 서경조(徐景祚)가 1885년 이전에는 공개적인 신앙생활을 하지 않았다는 점을 근거로 들며 1885년 이전에 설립되었다는 주장에는 동의하지 않는다고 했습니다. 그는 2015년 2월 7일에 열린 한국기독교역사학회 제332회 학술발표회에서 이렇게 주장했는데, 2월 5일 자 「국민일보」는 이에 대해 "1883년? 1884년? 1885년?… 소래교회 정확한 설립 연도 아시나요"라는 제목으로 예고 기사를 실었습니다. 이 기사의 부제목은 "역사신학계 견해 엇갈려… 한국 개신교 紀年 설정 위해 기준년도 정립 필요성 제기"였습니다.

예장 합동측 황해노회는 1988년 9월 30일, 용인에 있는 총신대학교 양지캠퍼스 내에 소래교회 기와집 예배당을 복원했습니다.(복원된 예배당의 설립비에는 설립 일자가 1883년 5월 16일로 새겨져 있습니다.) 이 사실만으로도 소래교회의 중요성과 의의를 잘 알 수 있는데, 복원된 예배당을 찾는 사람들의 발길이 끊이지 않으며 집회 장소와 기도처로 잘 활용되고 있습니다.

북녘이 개방되거나 통일이 되었을 때 우리가 서둘러 찾아가야 할 곳 가운데 하나가 바로 이 소래교회입니다. 소래교회가 있던 곳은 황해도 대구면(大救面) 송천리(松川里)입니다. 면 이름인 '대구'는 '큰 구원'이라는 뜻이어서 이 이름에 의미를 부여하는 분들도 있습니다. 이곳은 북녘의 군면리 대폐합 때 황해남도 룡연군(龍淵郡) 구미리(九味里)가 되었습니다. 이 점에 대해 북녘의 집필진이 일차적으로 글을 쓰고 남녘의 평화문제연구소가 이를 보완하고 교정하여 2005년에 발간한 『조선향토대백과』 8권(황해남도 ①)은 "(장연군 대구면 구미리는) 1952년 군면리 대폐합에 따라 장연군 대구면 송천리와 통합하여 황해도 룡연군 구미리로 개편되었다."(211쪽)라고 명확하게 밝히고 있습니다. 이 자료에 따르면, 송천동이나 솔내라는 이름은 지금도 구미리 남부에 있는 마을의 지명으로 쓰이고 있다고 합니다.

'예배당이 그대로 남아 있을까?' 궁금하지만, 남아 있지 않을 가능성이 큽니다. 북녘의 예배당들은 한국전쟁 때의 폭격을 비롯하여 여러 이유로 대부분 사라졌기 때문입니다. 더구나 소래교회에 대해서는 구체적인 증언이 있습니다. 한국전쟁 당시 미군 8240부대 제4연대(유격대 백호부대)가 이 일대에서 유격전을 벌였는데, 그때 참전한 장연 출신의 인사 한 분이 「창조문예」 2016년 6월호에 수필 형식으로 참전 수기를 발표했습니다. 이 수기에는 인민군 2개 대대 병력이 송천인민학교와 인근 부락에 집결하였다는 정보를 유격대가 입수하고, 백령도의 미군사령부에 연락하여 다음 날 아침 9시경 연합국 제트전투기들이 그곳을 폭격한 이야기가 나옵니다. 1951년 3월 23일의 일인데, 수기에는 "전투기에서 불을 토하자 송천인민학교(초등학교)가 로켓포탄에 명중되어 흙먼지와 함께 불기둥이 솟아올랐다. 수차례의 폭격이 반복되어 송천부락과 용반리 일대가 순식간에 초토화되어 버렸다."(124쪽)라고 서술되어 있습니다. 필자의 연락처를 알아내어 그때 소래교회가 어떻게 되었는지 아느냐고 물었더니, 모르겠다고 대답했습니다. 전후 정황으로 보아서 소래교회 예배당도 무사하지 못했을 것이 거의 확실합니다. 이 수기에 나오는 용반리(龍盤里)는 송천리 부근에 있던 마을인데 송천부락뿐만 아니라 용반리까지 초토화되었다니 말입니다.

소래마을 북쪽 산 중턱에는 소래교회에서 사역하다가 세상을 떠난 캐나다장로교의 맥켄지(W. J. McKenzie, 梅見施) 선교사의 무덤과 묘비가 있었습니다. 이 무덤과 묘비라도 그대로 있으면 좋겠는데 아마 그렇지 못할 것입니다. 피폭(被爆)이나, 선교사에 대해 심한 증오감을 가진 북녘 당국에 의해 훼파되었을 가능성이 크기 때문입니다. 맥켄지 선교사는 불행하게 세상을 떠났지만, 그의 죽음은 캐나다장로교 선교부가 한국에 선교사들을 파송하는 계기가 되었습니다.

소래교회는 '송림 속으로 개울이 흐르는 마을'이라는 뜻을 가진 송천리에 있었습니다. 송천을 우리말로 바꿔 '솔내'가 되었고, 그것이 다시 '소래'가 되어 '소래교회'라는 이름이 널리 쓰이고 있습니다. 장로교의 각종 공식 문서에는 원래의 지명대로 '송천(松川)교회'로 기록되어 있습니다.

재령, 그리고 신천

황해도의 장로교 이야기를 할 때 재령을 빼놓을 수 없습니다. 재령과 기독교에 대해서는 천도교에서 발행하던 월간지「개벽」(開闢) 1925년 6월호에 실린 "황해도 답사기"의 한 대목이 잘 알려주고 있습니다.

> 재령이야말로 기독교 천하이다. 읍촌을 무론(毋論)하고 재령에서 기독교만 제하고 보면 별로 보잘 것이 없는 것이 사실이다. 종교방면은 물론 교육도 기독교, 상업도 기독교, 농업도 기독교, 고리대금까지도 기독교인이다. 평북에서 선천

> 을 기독교국이라 함과 가티 황해도에서는 재령을 기독교천하라고 한다. 황해도뿐 안이라 전선(全鮮)에서도 재령이상으로 기독교가 치성(熾盛)한 곳은 아직 발견할 수 없다.

마지막 부분의 '전선'(全鮮)은 '전 조선'을 말합니다. 그래서 이 문장은 당시 한국에서 기독교가 가장 왕성한 곳이 재령이었다는 뜻이 됩니다.

재령에는 1890년대 초에 미국 북장로회의 모펫(S. A. Moffet) 선교사와 그의 동역자인 한치순(韓致淳)에 의해 복음이 전해졌습니다. 한치순 조사는 장로교의 황헤도 선교에서 꼭 기억되어야 할 인물입니다. 1893년에는 재령의 첫 교회인 신환포(新煥浦)교회를 비롯하여 몇 교회가 설립되었습니다. 재령 일대는 천주교의 세력이 강했는데 신환포교회를 비롯하여 여러 교회는 천주교와 심한 마찰을 빚기도 하였습니다. 1895년에는 재령의 중심이라 할 수 있는 재령동부교회가 설립되었습니다. 이 교회의 초기 이름은 남산현(南山峴)교회였으며, 한때 천주교인들의 핍박으로 예배를 드리지 못한 일도 있었습니다.

재령동부교회는 1906년에 십자형의 아름다운 예배당을 건축했습니다. 정찬유(鄭贊裕) 장로가 교회 건축에 많은 기여를 했기에 그분의 헌신은 평신도의 귀감으로 꼽히고 있습니다. 재령동부교회는 1916년에는 재령서부교회를, 1938년에는 재령읍의 중앙 지역에 재령중앙교회를 세웠습니다.

재령의 기독교 발전에는 1906년에 설립된 미국 북장로회 재령선교지부의 역할이 지대했으며, 그 중심에는 헌트(W. B. Hunt, 韓緯廉) 선교사가 있었습니다.

재령의 기독교가 우리의 마음을 밝게 만들어준다면, 반대로 우리의 마음을 무겁게 만드는 곳도 있습니다. 재령의 서쪽에 있는 신천입니다.

신천 역시 기독교가 강성하던 곳이었습니다. "조선예수교장로회명칭급주소(1938년 총회 부록)"에 따르면, 당시 신천군에는 36개의 교회가 있었습니다.

무엇보다도 신천은 김익두(金益斗) 목사가 일하던 곳으로 잘 알려져 있습니다. 안악 출신의 김익두 목사는 1900년에 회심을 하고, 그 이듬해부터 신천에서 전도활동을 했습니다. 중간에 잠시 서울의 남문밖교회로 옮긴 일이 있으나 다시 신천으로 돌아와서 신천서부교회를 담임하면서 부흥사로 활동했습니다. 김 목사는 분단 후에는 북녘 당국의 기독교정책에 여러모로 협력했는데, 한국전쟁 때 후퇴하던 인민군에 의해 교회에서 처형(1950. 10. 14.)을 당했습니다.

북녘 당국은 1950년 10월 17일부터 12월 7일까지 52일간 미군이 신천군 주민의 4분의 1에 해당하는 3만 5,383명을 여러 방법을 동원하여 잔인하게 학살했다고 하면서, 신천에 신천박물관을 세워 대표적인 반미교양 장소로 활용하고 있습니다. 2017년 5월 8일, 북녘의 조선중앙방송은 "올해 들어와 현재까지 내각 사무국과 체신성 등 1,100여 개 단체에서 11만 4,000여 명에 달하는 각 계층 근로자들과 인민군 장병들, 청소년 학생들이 신천박물관을 찾았다."라고 보도했습니다.

신천 사건에는 기독교인이 많이 개입되어 있습니다. 신천에서 기독교의 영향력이 매우 강했으니 당연한 일일 것입니다. 소설가 황석영(黃晳暎)은 이 사건을 주제로 『손님』(2001)이라는 장편소설을 발표하였습니다. 이 소설에서는 류요섭 목사와 우익 청년의 중심인물 중 하나였던 그의 형 류요한 장로를 주인공 겸 화자(話者)로 삼고 있습니다.

북한은 신천 학살사건의 주범이 미군임을 강조하고 있으나, 한국전쟁 자료들은 당시 미군 병력이, 평양을 목표로 한 주 진격로에서 벗어나 있는 신천을 경유하거나 주둔한 일이 없음을 밝혀주고 있습니다. 저는 새로운 탈북민을 만나면 '살던 곳에 교회당 건물이 있었느냐?'를 비롯해서 기독교와 관련된 내용을 묻곤 하는데, 최근 "신천 사건은 미군의 조종으로 일어난 일이라고 배웠습니다."라고 대답하는 탈북민을 만났습니다. 그 대답을 들으면서 왜 '조종'으로 배웠다고 말하는지 의아하게 여겨졌습니다.

2015년에 출간된 한화룡 교수(백석대)의 『전쟁의 그늘: 1950년, 황해도 신천학살 사건의 진실』은 신천 사건과 교회를 이해하는 데 많은 도움을 주고 있습니다. 신천 사건에 우익 청년으로 참가했다가 월남한 분들은 지금도 사건이 일어난 10월 17일이 되면 대전 현충원을 찾아 그곳에 안장되어 있는 동지들을 추모하고 있습니다.

감리교 이야기

지금까지 장로교 이야기를 많이 했는데 황해남도에서는 감리교회도 활발하게 일했습니다. 1909년에 확정된 선교구역 분할(교계예양)에 따르면 강령, 배천, 연안, 옹진, 평산, 해주와 지금은 황해북도에 속해 있는 신계와 봉산, 서흥, 수안의 일부가 미 감리회의 선교구역이었습니다. 당시 황해도의 수부(首府)였고 지금도 황해남도의 유일한 시이자 도소재지인 해주에는 기도처를 포함하여 감리교회가 22개나 있었습니다. 해주에는 1904년에 설립된 미국 감리회의 선교부가 있었습니다.

앞에서 말씀드린 것과 같이 감리교의 황해도 선교는, 복음이 인천-강화의 연장선상에서 북상하고, 평양에서 남하하는 '투 트랙'과 남감리회의 개성과 그 주변선교 등 세 방면으로 이뤄졌는데 해주를 비롯하여 황해남도 지역은 대부분 북상 루트에 있었습니다. 당시 제물포(인천)에 주재하던 존스(G. H. Jones, 趙元時) 선교사와 나중에 감리교의 첫 목사가 된 김기범, 김창식 등이 해주를 오가며 전도를 했고, 1902년에 이르러 하춘택 전도사가 상주(常駐) 전도인으로 해주에 부임하여 전도 활동을 한 후 남본정교회가 세워졌습니다.

남본정교회는 초기에는 해주읍교회 혹은 해주제일교회라고 했습니다. 남본정교회는 교세가 확장되어 남욱정(南旭町)교회(처음 이름은 동문밖교회)를 분립했고, 남학교인 의창(懿昌)학교와 여학교인 의정(懿貞)학교, 그리고 구세(救世)병원을 설립하여 교회와 교육, 의료가 하나를 이룬 선교를 했습니다. 1916년 부임한 최성모(崔聖模) 목사는 3·1운동 당시 민족대표 33인 가운데 한 분이었습니다. 자연히 남본정교회는 해주 만세운동의 중심에 서게 되었고, 최 목사를 비롯한 교회지도자 여러분이 옥고를 겪었습니다.

남본정교회는 해방 후에 종로교회로 이름을 바꾸었습니다. 북녘 당국은 해방 직후부터 일제 잔재를 청산하는 작업을 했는데 남본정의 '정'이 일본식 행정구역 명칭이기 때문에 그렇게 된 것이 아닌가 짐작을 해 봅니다. 해방 후에는 마경일(馬慶一) 목사가 이 교회를 담임하다가 월남했습니다.

황해남도 지역의 감리교회를 이야기할 때 연안을 빼놓을 수 없습니다. 황해도는 1610년부터 얼마동안 '황연도'(黃延道)라는 이름을 가진 일이 있었습니다. 황연도는 황주와 연안의 첫 자를 따서 만든 이름으로, 연안이 그만큼 중요한 곳이었음을 알려줍니다. 감리교의 황해도 선교에서 연안은 더욱 중요한 역할을 했습니다. 앞에서 인천–강화의 연장선상이 감리교의 황해도 선교에서 중요한 루트였다고 언급하였는데, 연안이 바로 그 교두보 역할을 했기 때문입니다.

연안은 강화도 교동에서 바닷길로 가까운 곳입니다. 1898년부터 연안에는 나진포를 비롯한 여러 곳에 예배 모임이 생겼습니다. 이명숙 전도사가 연안에 주재하면서 이곳을 황해도 선교의 발판으로 만들었고, 감리교는 연안에서부터 황해도 내륙지방으로 퍼져가기 시작했습니다.

연안 지역 교회의 중심은 연안읍교회였습니다. 정봉익(鄭奉益) 목사가 이 교회를 오래 담임했고, 해방 후 이 교회를 담임하던 조윤여(趙潤如) 목사는 한국전쟁 때 공산군에게 끌려가서 행방을 알 수 없게 되었습니다.

연안은 1911년에 배천과 합하여 연백이라고 하였습니다. 38선이 그어지기 이전 연백군에는 20개의 면이 있었는데 38선이 생기면서 그 남쪽에 있던 15개 면은 남녘의 영토로 편입되어 경기도 연백군이 되었고, 나머지 5개 면은 북녘의 영토로 황해도 남연백군이 되었다가 1952년에 연안군으로 재편되었습니다. 황해남도에는 이렇게 연안군을 비롯해서 옹진군의 남부 등 38선 이남인 지역이 여럿 있습니다. 이 지역은 해방 직후에는 남녘의 영토였다가 한국전쟁 뒤 북녘의 영토로 주인이 바뀌었습니다.

'긴장의 바다'를 바라보며

황해남도는 분단으로 인한 긴장이 여전히 감돌고 있는 곳입니다. 북방한계선(NLL)을 중심으로 한 서해를 '긴장의 바다'라고 부르기도 하는데 황해남도가 바로 이 바다에 접해 있습니다. 기준에 따라 다르기는 하지만 황해남도의 강령군은 남녘과 가장 가깝다고 할 수 있는 곳으로서, 해안포 기지들이 많이 배치된 곳입니다. '평강의 날개'[康翎]라는 이름과는 어울리지 않는 일이지요. 2002년 6월 29일에 벌어진 제2차 연평해전에서 북한 해군 동산곶 684정이 반파되어 퇴각한 사실이 있습니다. 이 '동산곶'은 강령 남단의 지명이기도 합니다. 이 바다를 평화의 바다로 만들려는 문제가 남북정상회담에서 몇 번 제기된 것을 우리는 기억하고 있습니다.

문득 그리워지는 말씀들이 있습니다. "내가 땅을 평화롭게 하겠다. 너희는 두 다리를 쭉 뻗고 잘 것이며, 아무도 너희를 위협하지 못할 것이다. 나는 그 땅에서 사나운 짐승들을 없애고, 칼이 너희의 땅에서 설치지 못하게 하겠다"(레 26: 6)라는 말씀, "놀랍고도 반가워라! 희소식을 전하려고 산을 넘어 달려오는 저 발이여! 평화가 왔다고 외치며, 복된 희소식을 전하는구나. 구원이 이르렀다고 선포하면서, 시온을 보고 이르기를 '너희 하나님께서 통치하신다' 하는구나."(사 52:7)라는 말씀입니다.

예수께서 탄생하셨을 때 천사와 하늘 군대가 하나님을 찬양하면서 "가장 높은 곳에서는 하나님께 영광이요, 땅에서는 주께서 기뻐하시는 사람들에게 평화로다."(눅 2:14)라고 노래했습니다. 예수님의 탄생으로 인류의 새 역사가 시작되었는데, 이 노래가 한국교회 역사의 또 하나의 시발점이자 교회가 역동적인 모습을 보이던 그곳 황해남도에 울리고 한반도 전역으로 퍼져나가게 되기를 바라는 마음이 간절해집니다.

8.
량강도
: 백두압(白豆鴨)의 땅

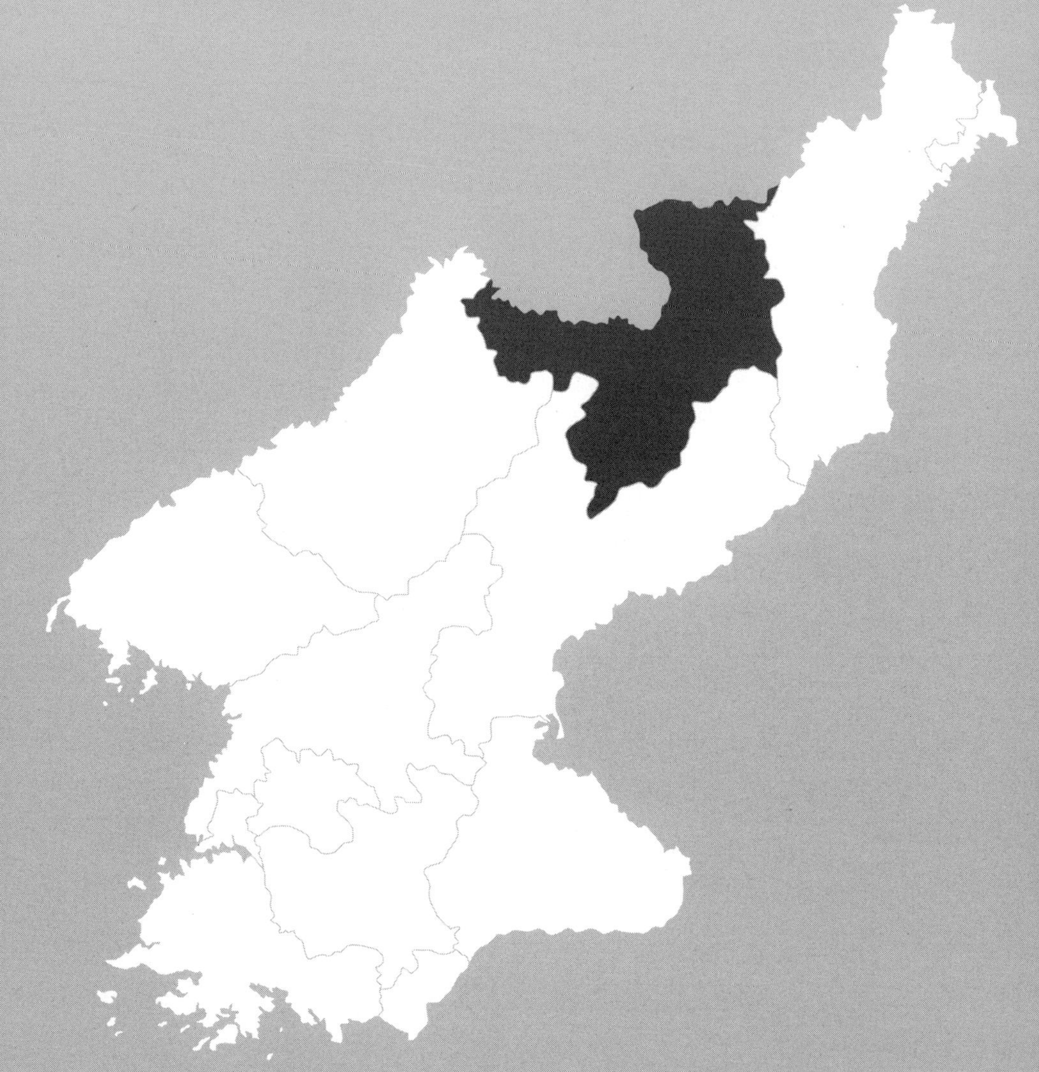

혁명 사적, 높은 산, 로동자구가 많은 '막내도'

량강도는 1954년 10월 30일에 함경남도의 내륙 고원지대를 분리하여 신설한 도입니다. 북에서 새롭게 만든 도 가운데 가장 늦게 태어났고, 면적이나 인구 등 도세(道勢) 측면에서도 '막내도'라고 할 수 있습니다. 량강도에 속한 시는 도소재지가 있는 혜산(惠山) 하나이고, 군은 갑산(甲山), 김정숙(金正淑), 김형권(金亨權), 김형직(金亨稷), 대홍단(大紅湍), 백암(白岩), 보천(普天), 삼수(三水), 삼지연(三池淵), 운흥(雲興), 풍서(豊西) 이렇게 11개입니다.

군의 이름을 보고, '어, 사람의 이름을 딴 군이 여럿이네!' 하는 분들이 있을 것입니다. 더 나아가 '김일성 주석의 부인과 삼촌, 아버지의 이름이 아닌가?' 하는 분도 있을 것입니다. 맞습니다. 김정숙군은, 원래는 갈과 칡이 많은 고장이어서 '갈파'(乫坡)라고 했는데, 그 지역에 새로 개척된 마을이라 하여 '신갈파'라고 했습니다. 나중에 '신파'가 되었다가 1981년에 김일성 주석의 첫째 부인을 기념하여 이름을 바꾼 군입니다. 그리고 김일성 주석의 삼촌 이름을 딴 김형권군은 원래 '풍산군'(豊山郡)이었는데 – 풍산이라고 하면 바로 북의 명견인 풍산개가 떠오르지요 – 1990년에 개명을 했습니다. 또 김형직군의 원래 이름은 '후창군'(厚昌郡)이었는데 1988년에 김일성 주석의 아버지의 이름을 따서 새 이름을 갖게 되었습니다. 량강도의 대부분은 함경남도에 속해 있었는데 후창군만은 평안북도에 뿌리를 두고 있고 한때는 자강도에 속해 있었습니다.

탈북민들과 이야기를 나눠보면 그들이 새로운 지명보다 예전 이름을 더 익숙하게 여긴다는 사실을 알 수 있습니다. 이는 중국의 재중동포들도 마찬가지인 듯합니다. 한번은 압록강가의 주유소 직원에게 건너편의 지명을 물어본 일이 있습니다. 그 사람이 "신파!"라고 짧게 대답하기에 저는 "김정숙군이 아닌가요?" 했더니 그는 이상하다는 표정으로 제 얼굴을 바라보더군요. 남에 와서 목사가 된 한 탈북민이 저에게 "신갈파에 교회 건물이 하나 남아 있는 것을 제가 잘 알고 있습니다."라고 오래된 옛 지명을 사용해서 말한 일도 있습니다.

량강도에는 유난히 많은 것이 몇 가지 있습니다. 먼저 '혁명 사적'입니다. 곳곳에 혁명 사적지, 혁명 사적관, 혁명 사적물이 있습니다. 북의 『조선대백과사전』의 '량강도' 항목에는 "항일혁명투쟁 시기의 전적지와 사적지가 가장 많은 도"라는 설명이 있고, 다른 곳에서는 량강도를 "혁명전통교양의 대 로천(露天)박물관"이라고 소개하고 있습니다. 북은 김일성 주석을 비롯한 그 일가가 이곳에서 강력한 항일투쟁을 전개한 사실을 강조하고 있습니다. 량강도에 김일성 일가의 이름을 딴 지명이 여럿인 이유가 바로 여기에 있습니다. 반대로 량강도에는 역사 유적들이 별로 없습니다. 북은 문화재를 '보존급'과 '국보급'으로 나눴는데, 량강도에 있는 국보급 국가지정문화재는 갑산군에 있는 진북루(鎭北樓)가 유일합니다.

또한 량강도에는 '높은 산'이 많이 있습니다. 한반도에서 제일 높은 산인 백두산을 비롯하여 높이가 2,000m가 넘는 산이 열 개나 있습니다. 높은 산만 있는 것이 아니라 사실 량강도 자체가 '높은 곳'입니다. 한반도의 평균 고도가 해발 440m인데 량강도의 평균 고도는 그 세 배인 1,338m입니다. '한반도의 지붕'이라는 별명을 가진 개마고원을 비롯하여 여러 고원이 량강도에 있습니다.

참, 우리는 백두산의 높이를 2,744m로 알고 있는데 북에서는 2,750m라고 한다는 점을 말씀드려야 하겠네요. 해발고도의 기준이 되는 수준원점(水準原點)이 다르기 때문입니다. 남에서는 인천의 한 지점을, 북에서는 원산의 한 지점을 수준원점으로 채택하고 있습니다. 통일이 되면 남과 북이 '통일'해야 할 것들이 참 많은데 산의 높이도 그 가운데 하나입니다.

량강도의 보천군은 김일성 주석의 대표적 항일투쟁인 보천보 전투로 잘 알려져 있는 곳인데, 보천보라는 이름도 '우리나라에서 가장 높은 곳에 설치된 성[堡]'이라는 뜻입니다.

또한 량강도는 '로동자구'가 많은 지역입니다. 북에서는 노동자들이 밀집해서 사는 곳을 '로동자구'라고 부릅니다. 북녘에 있는 267개의 로동자구 중 약 4분의 1인 67개가 량강도에 있습니다. 백암군에는 무려 19개의 로동자구가 있고, 대홍단군은 '리'가 하나도 없고 9개의 로동자구로만 이루어져 있습니다.

량강도에는 임업에 종사하는 노동자들이 많이 살고 있는데, 북에서는 벌목한 목재들을 뗏목으로 엮어 신의주로 흘려 보냅니다. 이것을 '류벌'(流筏)이라고 합니다. 때때로 「로동신문」에 "압록강에 떄가 내린다."라는 기사와 사진이 실리는 것을 볼 수 있습니다. 북중 접경 지역을 탐방하다 보면 때몰이를 하는 광경을 가끔 볼 수 있는데, 참 멋있다는 생각이 먼저 듭니다.

함중노회

혁명 사적도, 높은 산도, 로동자구도 많은 량강도에 교회도 많았으면 좋겠는데, 해방 이전 현재의 량강도 지역에는 교회가 그리 많지 않았습니다. 삼지연군에는 교회가 하나도 없었고, 백암군의 경우에는 교회가 있었는지 그 여부가 불분명합니다. 제가 조사한 것에 의하면, 과거 량강도 지역에는 40개가 채 되지 않은 교회가 있었으며, 대부분은 장로교회로 함중노회(咸中老會)에 속해 있었습니다.

함중노회는 이름 그대로 함경도 중간지역의 교회들을 관할하는 노회였습니다. 구체적으로는 함경북도의 성진(城津), 명천(明川), 길주(吉州)와 함경남도의 이원(利原), 단천(端川), 삼수(三水), 갑산(甲山)을 담당했습니다. 이 가운데 삼수와 갑산은 량강도의 모태라고 할 수 있는 군으로, 여기에서 혜산을 비롯한 여러 군이 갈라져 나왔습니다.

이야기가 옆으로 빗나갑니다만, 삼수와 갑산은 험한 산간지대로서 조선시대의 대표적인 귀양지입니다. 북에서는 성분이 좋지 않은 사람들을 이곳으로 많이 이주시켰는데 그중에는 기독교인도 적지 않습니다. 평양에서 살다가 삼수군으로 강제이주를 당해 임산사업소에서 일하던 한 탈북민이 있습니다. 해방 직후 평양에 설립된 성화신학교에 다니던 분이었습니다. 이분이 저를 찾아와서 "남에서는 북에 있던 교회들이 한국전쟁 때 폭격으로 모두 파괴당한 것으로 알고 있다고 하는데 그 말이 맞습니까?" 하고 물었습니다. 저는 그렇다고 대답했습니다. 1972년 여름, 평양에서 개최된 남북적십자회담 때 강량욱(康良煜) 목사가 남의 기자들에게 "미 제국주의가 도발한 침략전쟁 3년 동안에 미제의 폭격으로 교회가 다 없어졌습니다."라고 말한 것에서 시작해서, 북의 매체들이 일관되게 그렇게 말하고 있기 때문입니다. 한 예로 2016년 8월 22일 자 「로동신문」 6면에는 "미국은 지난 세기 50년대에 일으킨 조선전쟁 때 무차별적인 폭격으로 1,900여 개에 달하는 교회당과 절간들을 모조리 파괴하였으며 수십만 명에 달하는 무고한 종교인들을 잔인하게 살육한 종교말살자들이다."라고 실려 있는 것을 볼 수 있습니다. 그는 제 대답을 듣고 대단히 흥분해서, "아닙니다. 전쟁 뒤에도 교회당들이 많이 남아 있었습니다. 장대현교회도 남아 있다가 평양을 재건하는 과정에서 철거

되었습니다. 내 눈으로 똑똑히 보았습니다!"라고 했습니다. 확인해보니 사실이었습니다. 그것이 계기가 되어 한국전쟁 중에 폭격을 면하고 남아 있는 교회 건물을 찾아내는 일에 관심을 갖게 되었습니다. 얼마 전에도 한 탈북민을 통해, 함경북도 경성군(鏡城郡)에 있던 경성교회의 건물이 2002년까지는 남아 있었음을 확인할 수 있었습니다.

함중노회는 1925년 10월에 함북노회에서 분립한 노회입니다. 초대 노회장은 강학린(姜鶴麟) 목사, 그 중심지는 성진(城津, 현 김책)이었습니다. 평양장로회신학교 1917년 졸업생인 강학린 목사는 모두 여섯 번을 함중노회의 노회장으로 수고했고, 노회장을 지낸 다음에 부노회장을 지낸 일도 두 번 있었습니다. 강학린 목사는 성진 지역에서 일어난 3·1운동의 핵심 인물입니다. 그때의 활동과 그로 인해 겪은 옥고에 대해서는 그의 제자 배민수(裵敏洙) 목사의 『배민수 자서전』(원제: 누가 그의 천국에 들어갈 수 있는가?)에 구체적으로 밝혀져 있습니다. 강 목사는 감옥에서 나온 뒤 계속해서 성진교회 담임목사로 일하면서 성진YMCA를 통해 다양한 선교활동을 펼쳤습니다. 강학린 목사는 주로 성진에서 일했지만, 함중노회의 큰 지도자인 만큼 량강도에 있던 교회들도 그의 영향을 받았을 것이 분명합니다. 함중노회는 아직 교회가 세워지지 않은 산간지역에 복음의 씨앗을 뿌리기 위해 특별사역자회를 조직해서 각지에 파송하기도 하였습니다.

량강도의 장로교회 가운데 김형직군에 있던 교회들은 함중노회가 아닌 산서노회(山西老會)에 속해 있었습니다. 김형직군은 원래 평안북도 후창군이었기 때문인데 량강도에 있던 교회들에 대해 자세하게 조사하다 보면 미 북장로회가 선교를 펼친 김형직군 지역의 교회들과 캐나다 장로회가 선교를 펼친 다른 지역의 교회들은 성격이나 분위기가 약간 다르다는 것을 알게 됩니다.

혜산시를 바라보며

량강도의 시와 군 중에서 우리에게 여러모로 친근한 느낌을 주는 곳이 혜산시입니다. 백두산에 오를 경우 중국의 창바이[長白] 조선족자치현을 거치는 경로를 택하는 분이 많은데 혜산은 창바이현에서 잘 보이는 곳이기 때문입니다. 한국전쟁 때 이곳까지 진격한 국군 부대가 지금까지 '혜산진부대'라는 이름을 쓰고 있는 사실도 그 이유 가운데 하나일 것입니다.

현재의 혜산시에는 여섯 개의 장로교회가 있었는데 그 가운데 혜산진교회에 대해서는 비교적 자세한 기록이 전해지고 있습니다. 『조선예수교장로회사기』 하권은 "동년에 갑산군 혜산진교회가 설립되다. 선시(先是)에 전도인 김택서(金宅西)가 내(來)하여 전도하매 이인규(李麟圭) 사저에서 양 가족이 회집하여 예배하니 비로소 교회가 설립되다."라고 알려주고 있습니다. 여기에서 '동년'은 1916년을 말하는데 『야소교장로회연감』 1940년 판에는 설립연도가 이와는 다르게 1915년으로 기록되어 있습니다. '갑산군'이라고 한 이유는 당시 혜산면이 갑산군 소속이었기 때문입니다.

『조선예수교장로회사기』의 여러 곳에서 언급되는 혜산진교회의 기록을 모아보면, 다음과 같이 정리할 수 있습니다. "1918년에는 전도부인 신마리아(申馬利亞)가 부임하여 와서 도왔고, 1920년에는 1,200원으로 새 예배당을 건축했으며, 같은 해 혜산진교회에서 열린 사경회의 영향으로 운총리교회(雲寵里教會)가 예배당을 매득하여 장래의 유망한 교회가 되었다. 1922년에는 갑산군 운흥리교회(雲興里教會) 교인 5-6명이 혜산진교회의 부흥사경회에 와서 특별한 은혜를 받고 금식기도를 하며 연보하여 전도인을 파송하였고, 40여 명의 신자를 얻어 교회가 진흥했다. 1924년에는 하윤청(河允淸)을 장로로 장립하여 시무하게 하였다."

혜산진교회 설립자인 김택서는 그 뒤 1922년에 평양장로회신학교를 졸업하고 함중노회의 성진지역에서 목회했습니다.

혜산진교회는 갑산군 혜산읍 혜산리 혜산역 앞에 있었습니다. 북은 1991년에 청년절을 제정하면서 기관이나 역 이름 등에 '청년'이라는 말을 많이 넣었는데 이에 따라 혜산역도 '혜산청년역'이 되었습니다. 압록강 가까이에 있는 혜산청년역은 백두산청년선과 삼지연선이 연결되는 중요한 역입니다. 1940년 당시 혜산진교회는 안상필(安相弼) 목사가 담임하고 있었으며, 앞에서 이름이 나온 하윤청을 비롯하여 네 분의 장로가 시무하고 있었습니다.

혜산에는 혜산진성결교회도 있었습니다. 혜산진성결교회는 1931년에 설립되었는데, 이듬해 4월에 열린 부흥회에서는 신유의 기적이 일어나 안복금이라는 시각장애인이 눈을 뜨는 일이 있었다는 기록이 전해집니다. 이 교회는 새 성전을 지어 1936년 12월 27일에 봉헌했습니다.

일제강점기 말에 성결교가 강제해산을 당할 때 혜산진성결교회도 폐쇄되었는데, 해방 후 전기찬(全基瓚) 목사가 부임해서 교회를 재건하고 시무했습니다. 전 목사는 함남 북청 출신으로 간도의 명월구(明月溝)에서 목회했고, 국내에 들어와서는 삼수군 관흥면 개운성리에 있는 개운성(開雲城)성결교회를 담임했습니다. '개운성리'라는 이름은 '구름이 성 모양으로 둘러 끼는 골짜기를 개척하여 생긴 마을'이라는 뜻을 가지고 있습니다. 전기찬 목사는 혜산진성결교회를 담임하던 중인 1948년 12월에 공산정권에 의해 비참하게 순교당했습니다.

'혜산'은 '산에 있는 자원의 혜택으로 살아간다.'는 뜻입니다. 산을 비롯한 천지만물을 지으신 분이 창조주 하나님이시고, 우리는 하나님의 은택으로 살고 있다는 사실을 혜산의 주민들이 알게 되었으면 참 좋겠습니다.

지금도 잘 보존되어 있는 '례배당'

량강도에는 '례배당' 하나가 지금까지도 잘 보존되어 있습니다. 김형직군 김형직읍에 있는 포평 혁명 사적들 가운데 하나인 '포평(葡坪)례배당'입니다.

1990년대 초, 북의 교회에 대한 관심이나 정보가 아주 빈약할 때, 러시아 유학 중에 탈북하여 전도사가 된 분으로부터 "광복의 천리길 행군 중에 김일성 주석과 관계 있는 예배당을 들른 일이 있습니다. 예배당이 잘 보존되어 있었습니다."라는 말을 들은 적이 있습니다. 김일성 주석은 청소년 시절에 중국 린장[臨江]에서 창바이현을 가는 길에 있는 팔도구에서 지내다가 아버지 김형직의 권고에 따라 고향에 와서 외조부가 세운 창덕학교(彰德學校)에서 두어 해 정도 공부한 일이 있습니다. 이때의 담임교사가 그의 외종조부인 강량욱이었습니다. 강량욱은 나중에 목사가 되었고 조선그리스도교련맹을 창설했으며 북의 부주석을 지냈습니다. 김일성 주석은 다시 팔도구로 돌아갔는데 북에서는 그때 그가 걸은 길을 '배움의 천리길', '광복의 천리길'이라고 부르면서 청소년들이 그 길을 따라 행진하도록 하고 있습니다. 김형직군의 포평은 그 길의 출발점이자 종착점으로서 김형직군에는 이와 관련된 기념물과 시설이 여럿 있습니다.

그 전도사가 말한 예배당에 대해 그저 관심을 가진 상태에서 얼마의 시간이 흐른 다음에, 김일성 회고록 『세기와 더불어』 1권에서 포평례배당에 대해 여러 가지 사실을 알 수 있었습니다. 김일성 주석의 가정은 김형직의 민족운동 때문에 일경의 압박이 심해지자 고향인 만경대를 떠나 여러 곳을 전전하다가 림강을 거쳐 팔도구까지 오게 되었습니다. 『세기와 더불어』에는 림강에서 250리 떨어진 팔도구로 옮길 때 방사현

이라는 전도사가 발구를 끌고 동행하였다고 기록되어 있습니다. 발구는 눈이나 얼음, 또는 언 땅에서 짐을 나르는 기구인데, 전도사가 이사를 도와준 것은 김일성 일가가 림강에서도 교회생활을 잘 했다는 증거 가운데 하나라고 할 수 있습니다. 아래는 『세기와 더불어』 1권(65쪽)에 등장하는 포평례배당 관련 대목입니다.

> 그 당시 아버지가 많이 다닌 곳의 하나가 포평례배당이었다. 례배당이라 하지만 뾰죽지붕에 십자가가 달린 집이 아니라 보통 동기와집으로서 사이벽을 터쳐 통칸으로 쓰는 것이 여느 집과 다를 뿐이였다.
>
> 아버지가 팔도구에 온 다음부터 그 례배당은 군중을 교양하는 장소, 국내혁명가들의 집합장소로 리용되였다. 아버지는 례배가 있는 날마다 포평에 건너가 사람들을 모아놓고 반일선전을 하였다. 때로는 풍금을 타면서 노래도 배워 주었다.
>
> 아버지가 못 가는 날은 어머니나 형권 삼촌이 례배 보러 오는 사람들을 모아 놓고 반일교양을 하였다. 나도 철주를 데리고 그 례배당에 찾아가 아버지한테서 풍금 타는 법을 배웠다.

여기서 '동기와집'은 나무로 만든 기와를 사용한 집을 말합니다. '형권 삼촌'은 김형권군에 대해 말할 때 이름이 나온, 김일성 주석의 막내 삼촌인데, 독립운동을 하다 체포되어 서대문 감옥에서 옥사했습니다. 그리고 '철주'는 김일성 주석의 동생으로, 항일유격활동 중에 전사했습니다.

북중 접경 지역을 탐방할 때 팔도구에서 잠시 쉬는 일이 많습니다.

포평례배당에 대해 알게 된 다음부터는 건너편의 포평을 눈여겨보다가, 한 재미동포 목사의 포평 방문기를 통해 포평례배당의 현재 모습을 알 수 있게 되었습니다. 그 방문기에 따르면, 포평례배당은 초라하고 평범한 살림 가옥이며, 안에는 김형직과 강반석이 각각 신자들을 대상으로 항일 계몽교육을 하는 장면을 담은 대형 그림 두 점이 각각 큰 액자에 걸려 있다고 합니다. 그리고 그 재미동포로부터 이 예배당은 조선그리스도교련맹에서 관리하지 않고 사적을 관리하는 부서에서 관리하고 있다는 말을 직접 들었습니다.

장로교의 주소록이나 연감, 필자가 부분적으로 보유하고 있는 산서노회록에는 포평교회의 이름이 나오지 않는 것을 보아, 또 십자가를 달지 않았다는 것으로 보아, 포평교회는 공식적으로 등록된 교회는 아니고, 예배장소였을 가능성이 높습니다.

예배를 목적으로 하지 않고 '사적'으로 보존, 관리되고 있지만, 북한의 많은 청소년이 이곳을 방문하면서 '교회'의 존재를 알고, 교회가 항일민족운동에서 중요한 역할을 했다는 사실과 김일성 주석의 가문이 교회와 관계가 있다는 것을 부지불식간에 알게 되는 점은 참 다행한 일이라고 여겨집니다.

모두 8권으로 된『세기와 더불어』에는 교회와 관련된 이야기가 여러 군데 나옵니다. 한 예로 제2권의 시작 부분인 "1. 손정도 목사"에서는 손정도 목사를 '생명의 은인'이라고 부르는 이유가 자세하게 설명되어 있습니다. 그런 이야기들의 끝에는 '그렇지만 나는 믿지 않았다.'는 말이 빠지지 않고 붙어 있는데, 전후 문맥을 보면 '과연 그럴까?' 하며 갸우뚱하게 됩니다.

낙수(落穗)입니다만, 량강도에 대해 이야기하면서 1993년에 북으로 송환된 비전향 장기수 리인모(李仁模, 1917-2007)가 자꾸 생각납니다. 그의 고향은 함경남도 풍산군(현 량강도 김형권군)인데 그의 기록을 정리한 『이인모: 전 인민군 종군기자 수기』를 읽어보면 그는 정말로 투철한 사회주의자였음을 알게 됩니다. 그가 송환되자 북은 대대적인 환영을 하면서 그가 졸업한 풍산군 파발리(擺撥里)의 파발인민학교를 '리인모인민학교'(지금은 리인모소학교)로 이름을 바꾸었습니다.

그가 청주보안감호소에 있을 때, 서울에 있는 한 교회의 목사 부인과 전도사가 아무런 인연이 없으면서도 여러 번 면회를 왔고, 1988년 가을에 출소한 후에는 교회 사택으로 초청한 일도 있었습니다. 리인모는 이에 대해 "나는 그들로부터 참으로 많은 도움을 받았고 새롭게 배운 점도 많다."(223쪽)라고 적었습니다. 그가 무엇을 새롭게 배웠는지는 말하지 않았으나, 그 글을 읽으면서 '기독교에 대해서 새롭게 배웠으면….' 하고 중얼거렸습니다. 그는 출소한 뒤 과천 구세군 양로원에 머물렀는데 그때 양로원의 "총무 일을 보고 있는 처녀"가 베푼 친절에 대해서도 고마워했습니다. 친절, 사랑, 이런 것들은 이념을 넘어서는 법이지요.

량강도는 압록강과 두만강, 두 강[兩江]이 발원하는 곳입니다. 압록강과 두만강은 백두산에서 발원합니다. 이 글의 제목을 '백두압(白頭鴨)의 땅'이라고 한 것은 그 때문입니다.

한반도는 백두산에서부터 뻗어 내린 백두대간을 중심으로 하나의 지맥을 이룬 강토입니다. 그 때문에 백두산을 '조종(祖宗)의 산'이라고 말합니다. 그래서 아래와 같은 노래가 생기기도 했습니다. 「동아일보」 1931년 1월 21일 자에 발표된 원문입니다.

1절: 백두산 뻗어내려 반도 삼천리
무궁화 이 강산에 역사 반만년
대대로 이어 사는 우리 이천만
복되도다 그 이름 조선이로세
2절: 삼천리 아름다운 이 내 강산에
억만년 살아갈 조선의 자손
길러온 힘과 재주 모두세
우리들의 앞길은 탄탄하도다
3절: 보아라 이 강산에 밤이 새나니
이천만 너도나도 함께 나가자
광명한 날이 솟아오르면
기쁨에 북바쳐 노래하리라

그런 백두산을 품고 있는 량강도의 교회 이야기를 하노라니까, 이 강산을 덮고 있는 분단의 밤이 새고 통일의 새 날이 되어 2,000만 명에서 지금은 7,600만 명을 넘어선 동포가 함께 나가는 날이 더욱 그리워집니다.

9.
자강도
: 산서노회(山西老會)의 도

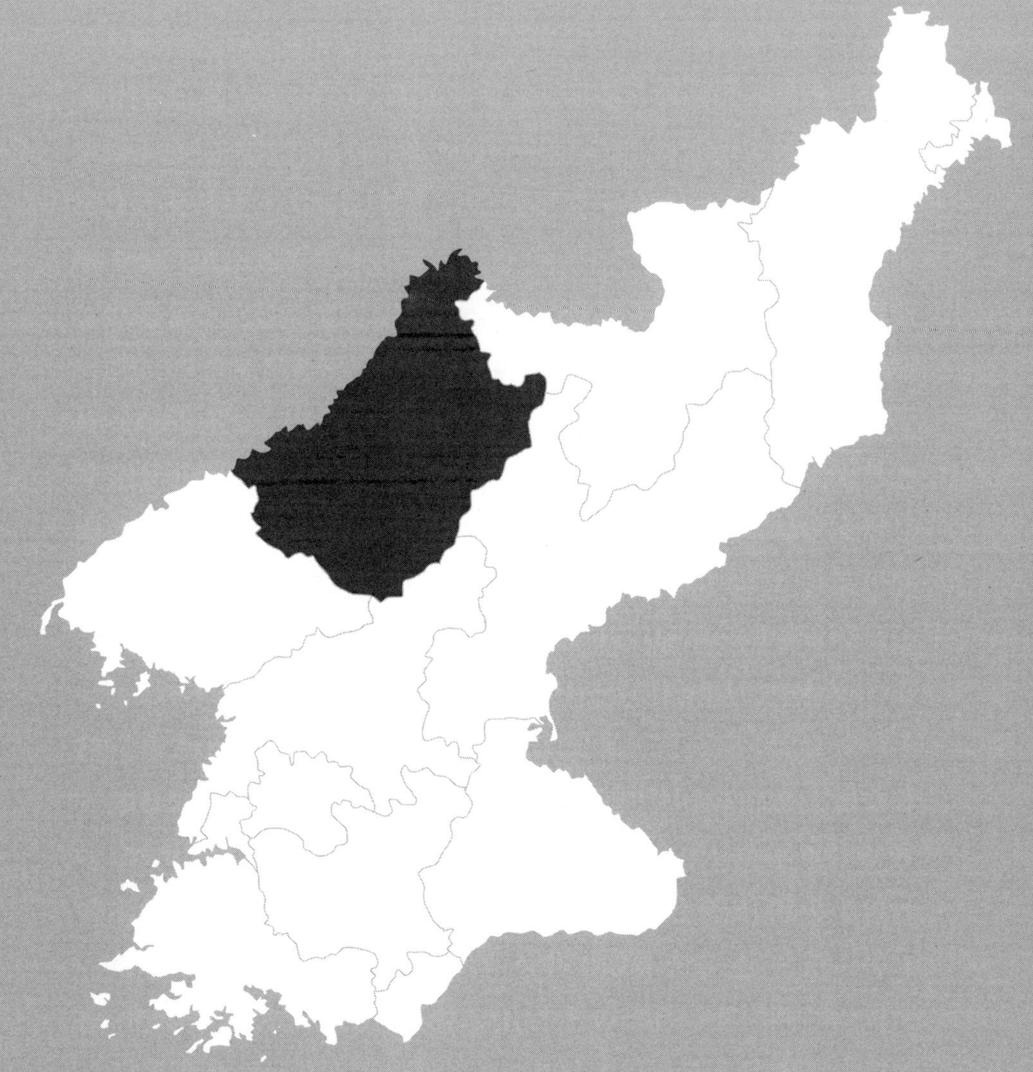

교회가 많지 않았겠구나

자강도는 분단 후 북녘에서 제일 먼저 탄생한 '신설도'(新設道)입니다. 1949년 1월 31일에 자강도가 탄생하기 이전인 1946년 9월 5일에 강원도가 생기기는 했습니다만, 강원도는 군사분계선 북쪽의 강원도에 함경남도의 원산시와 문천군(1991년 5월에 시로 승격)과 안변군, 경기도의 연천군 일부를 편입시킨 것이니까 신설이 아니라, '구역확장'이라고 말하는 것이 정확할 것입니다. 북측은 자강도에 이어 1954년 10월 30일에 량강도(兩江道)를 신설하고, 황해도를 황해남도와 황해북도로 분리했습니다.

자강도는 3개의 시와 15개의 군으로 이루어져 있습니다. 3개의 시는 도소재지인 강계(江界)와 만포(滿浦), 희천(熙川)이며, 15개의 군은 고풍(古豊), 동신(東新), 랑림(狼林), 룡림(龍林), 성간(城干), 송원(松源), 시중(時中), 우시(雩時), 위원(渭原), 자성(慈城), 장강(長江), 전천(前川), 중강(中江), 초산(楚山), 화평(和坪)입니다.

이 지명들을 보고 '자강도에는 림(林) 자나 산(山) 자가 들어간 이름이 여럿이네, 산림이 많은가 보다.' 하실 분이 계실지 모르겠습니다. 맞습니다. 자강도의 94.7%가 산지입니다. 도 안에는 '압록강 남쪽의 산맥'이라는 뜻을 가진 강남산맥을 비롯해서 숭적(崇積)산맥, 적유령(狄踰嶺)산맥 등 여러 산맥이 있고, 고원과 산간 분지도 많습니다.

'강(江)이나 천(川) 자가 들어간 지명도 많네, 강도 많은가 보다.' 하실지 모르겠는데요, 그것도 맞습니다. 중국과 경계를 이루는 압록강이 자강도의 여러 시와 군을 지나고 있고, 장자강(將子江)을 비롯해서 자성강, 위원강, 충만강(充滿江) 등이 압록강으로 흘러 들어가고 있습니다. 압록강의 제1지류인 장자강의 원래 이름은 독로강(禿魯江)입니다. 지금도 실향민들 가운데는 이 이름으로 기억하고 있는 분이 많은데, 1976년에 현재의 이름으로 바뀌었습니다. 장자강은 길이가 232km에 이르는 긴 강이며, 그 주변에는 관서팔경의 하나인 인풍루(仁豊樓)를 비롯해서 경치가 좋은 곳이 많습니다.

청천강의 발원지도 자강도입니다. 청천강은 동신군 북동부의 갑현령(甲峴嶺)에서 시작해서 자강도를 거쳐 평안북도와 평안남도의 경계를 이루면서 서해로 흘러 들어갑니다.

2017년에 '무평리'(武坪里)라는 이름이 한동안 대중매체에 많이 오르내렸습니다. 북측이 2017년 7월 28일 자정 무렵에 화성-14형 미사일을 발사한 곳이기 때문입니다. 이곳은 자강도 전천군의 북부 지역으로, 전천군(前川郡)은 원래 '화살 전'(箭) 자를 썼습니다. 물살이 화살처럼 빠른 '살내'가 흐르고 있기 때문입니다.

여기까지 읽고서, '그렇게 산과 강이 많은 지역이면 인구가 많지 않을 것이고, 따라서 교회도 적었겠구나!' 하고 생각하실 분이 많을 것입니다. 그런데 아닙니다. 자강도에는 교회가 많이 있었습니다. 복음의 맥박이 힘차게 뛰던 지역이었습니다. 이제부터 그 이야기를 하려고 합니다.

왜 제목을 '산서노회의 도'라고 했나

장로교는 1916년 5월 2일에 평양장로회신학교에서 열린 제5회 총회에서 경상노회에서 헌의한 경북노회·경남노회의 분립과, 북평안노회에서 헌의한 노회 분립 안건을 허락합니다. 총회 회록에 기록된 북평안노회의 헌의 안건을 오늘날의 맞춤법으로 다듬어서 옮깁니다.

> 북평안노회에서 헌의한 노회분립 안건은 허락하는 것이 좋은 줄로 아오며, 허락하시면 그 지경은 초산과 벽동을 경계로 하여 벽동에서부터 이남은 북평안노회로 잉존(仍存, 그대로 둠 – 필자 주)하고 초산부터 위원, 강계, 자성, 후창과 서간도 림강(臨江), 집안(戢安, '戢'은 '輯'의 오기인 듯함 – 필자 주), 회인(懷仁), 통화(通化), 류하(柳河), 해룡(海龍), 흥경(興京), 동평(東平)과 함남 장진 서편을 합하여 산서(山西)노회라 칭하며, 그 노회를 조직할 임시회장은 함가륜 씨로 정하오며, 그 조직 일자와 처소는 임시회장의 지휘대로 하게 하오며, 그 문부와 재산은 원 노회에서 주게 함이 가하겠사오며

저는 이 회록을 처음 읽었을 때 조금 놀랐습니다. 1916년에 정한 산서노회의 경계가 한두 곳을 빼놓고는 현재의 자강도와 거의 일치하기 때문입니다. 장로교 총회는 "함남 장진 서편을 합하여 산서(山西)노회라 칭하며"라고 했는데, 실제 북측은 함경남도의 서부지역인 장진군(長津郡)의 동문면과 북면, 그리고 상남면 일부를 떼어 자강도 랑림군을 만들었습니다.

자강도에 속한 3개의 시와 15개 군은 이 회록에 나오는 초산, 위원, 강계, 자성을 뼈대로 하여 만들어졌습니다. 만포시, 전천군, 룡림군, 성간군, 시중군, 장강군은 강계시에서 분립했고, 고풍군과 송원군은 초산군에서 분립했으며, 중강군과 화평군은 자성군의 일부 지역과 후창군의 일부 지역을 합해서 신설한 군입니다. 그리고 동신군은 희천의 동부지역을 분리해서 만든 군인데, 이름 자체가 '희천의 동부지역을 분리하여 새로 만든 군'이라는 뜻을 가지고 있습니다.

산서노회의 지경 가운데 들어 있는 후창(厚昌)은 1954년까지는 자강도에 속해 있다가 1954년에 량강도가 신설될 때 이곳으로 소속이 바뀌었으며, 1988년에는 김형직군(金亨稷郡)으로 개명이 되었습니다. 잘 아시는 것과 같이 김일성 주석의 아버지 '김형직'은 기독교 민족운동가로 활동하였습니다.

현재의 자강도에 소속된 희천이 위에서 인용한 회록의 산서노회 지경에는 언급되지 않았습니다. 뒤에 말씀드리겠지만, 그럴 만한 이유가 있었습니다.

이번 장의 제목은 "자강도: 산서노회(山西老會)의 도"입니다. 다소 이상한 느낌을 주는 제목인데 제목을 이렇게 정한 이유를 이제는 아실 것입니다.

산서노회는 1917년 2월 13일 강계읍교회에서 창립노회를 열었습니다. 초대 노회장은 호프만(C. S. Hoffman) 선교사로, 앞의 총회 회록에 나오는 '함가륜'(咸嘉倫)은 호프만의 한국 이름입니다. 프린스턴 출신인 호프만 선교사는 1910년 10월에 한국에 와서 강계 지역을 중심으로 일했으며, 산서노회의 제10대와 제11대 노회장을 역임하였습니다. 그의 부인은 여성들을 상대로 선교활동을 활발하게 했으며, 그의 장남은 1955년에 남장로교의 선교사로 내한하여 1979년까지 일했습니다.

산서노회의 초대 부노회장은 초산읍교회를 담임한 안승원(安承源) 목사였습니다. 이분은 산서노회의 제2대, 제3대 노회장으로 일하였으며, 나중에 의주의 용산(龍山)교회를 담임했습니다. 안 목사는 독립운동에 앞장서서, 다른 지도자들과 함께 신의주지역 3·1운동을 이끌었고, 아들과 함께 상해로 망명하여 상해임시정부 의정원 의원으로 활동하였습니다. 그는 국내로 들어왔다가 일경에 체포되어 옥고를 겪었는데 이때 받은 고문의 후유증으로 많은 고생을 했습니다. 그리고 앞에서 잠시 언급된 순교자 한경희(韓敬禧) 목사가 제1대에서 제5대까지 산서노회의 서기로 수고했습니다.

산서노회는 시찰 구역을 동구역(자성, 후창, 장진, 강계), 서구역(초산, 위원), 북구역(서간도) 이렇게 셋으로 나누었습니다. 1917년 8월에 초산읍교회에서 모인 제2회 노회의 각 시찰 보고를 잠깐 살펴봅시다.

- 동구역: 감사할 것은 하나님의 은혜로 각 교회 평안하오며 성신의 감화로 그리스도의 사역자들이 주의 일을 부지런히 하오며 연약하던 교회가 든든하여지고 새로 믿는 이도 많사오며 생활은 곤란하되 연보는 더하오며
- 서구역: 감사할 것은 하나님의 은혜로 각 교회가 1년 동안 평안히 지내였사오며 주의 사역자들이 일을 부지런히 보아왔사오며 작년보다 교인 200여 명이 증가하옵고 각 교회가 더욱 신령하여 가오며 연보하는 힘도 많사오며
- 북구역: 감사한 것은 지난 1년 동안 하나님의 은혜로 각 교회가 평안히 지내고 주의 사역자들이 열심으로 일을 하오며 성신의 감화로 일꾼이 점점 많이 일어남으로 현금 일하는 목사가 5인 장로 7인 조사가 5인이오 교인이 작년보다 480여 명이 증가하였사오며 교회가 점점 신령한 지경으로 들어가오며

이처럼 이 보고는 읽는 이들의 마음을 흐뭇하게 만들어주고 있습니

다. 노회에 참석했던 이들은 더욱 그랬을 것입니다.

산서노회는 창립 3년 만인 1920년에 장로회 9회 총회에서 노회를 분회(分會)해 달라는 헌의를 하였습니다. 총회 정치부는 "산서노회 분립 청원은 형편에 의하여 분립하는 것이 가한 줄로 아오며, 분립을 허락하면 지경과 명칭은 압록강을 한하여 강북 만주지방은 남만노회라 하고, 강남 조선지방은 산서노회라 하고, 조직회장은 남만에 국유치, 산서에 이기형 씨로 정하고, 문부는 산서노회에 맡기는 것이 좋은 줄로 보고하나이다."라고 보고합니다.

이렇게 해서 산서노회에 속해 있던 서간도 지역의 교회들은 집안현(輯安縣)의 다섯 교회만 남고, 대부분은 신설된 남만노회에 속하게 되었습니다. 산서노회는 이렇게 창립 초기에 벌써 노회를 분립시킨 기록을 갖고 있는 노회이기도 합니다.

여러 기록을 살펴보면 산서노회가 분립을 청원한 것은 지리적 여건 등이 작용한 것으로 보입니다. 예를 들어 8회 총회 회록에는 산서노회의 춘계노회가 교통이 불편하여 각각 모였다는 보고가 있고, 서간도에서는 총대가 오지 못했고 총회비도 가져오지 못한 것을 처리해달라고 헌의한 일이 기록되어 있습니다.

1938년 장로교 주소록에 의하면 산서노회에는 모두 142개의 교회가 소속되어 있었습니다. 산서노회는 지금 장로교 합동 측에 존속되어 있습니다. 산서노회나 산서노회 출신 인사들, 또 그 후손들은 자강도 쪽을 바라보며 특별한 기도를 드려야 할 것입니다. 자강도의 우시군, 초산군, 위원군, 만포시, 자성군, 중강군은 중국에서도 압록강 너머로 바라볼 수 있는 곳이니까 바라보이는 곳을 방문해서 기도회를 갖는 것도 계획해봄 직합니다.

자강도의 몇 곳을 살피다

이제 자강도 몇 곳을 살펴보려 합니다. 글 첫머리에서 나열한 3시 15군의 순서를 따르며, '교회의 역사'라는 렌즈를 사용해봅니다.

강계

먼저 강계입니다. 한국전쟁 시기에는 북측의 임시 수도가 되어 잠시 '강계특별시'라는 이름을 가졌던 곳입니다. 강계는 기독교가 일찍 전파되어 대단히 왕성하던 곳이며 1900년 10월에 세워진 강계읍교회가 그 중심에 있었습니다. 강계읍교회는 '남장대(南章臺)교회'라는 이름을 오래 사용했습니다. 앞에서 산서노회 이야기를 길게 했습니다만 강계읍교회가 바로 산서노회의 중심교회였습니다.

미 북장로회 선교부는 1909년에 강계에 선교지부(支部)를 설치했습니다. 여러 명의 선교사가 이곳에서 일했는데, 선교사들의 선교정책에 불만을 품은 일부 교인들이 이탈하여 '자유교'를 세우는 일이 있었습니다. 자유교는 나중에 일본 조합교회에 흡수되어 '일본조합기독교 강계교회'로 간판을 바꿔 달았는데, 강계의 기독교를 대표하는 인물 가운데 하나인 차학연(車學淵) 장로가 이 일을 주동했습니다.

강계에는 영실(英實)학교, 명신(明新)학교, 광신(光新)여학교 등의 기독교 교육기관들과 계례지(桂禮知)병원이라는 의료선교기관이 있었습니다. '계례지'는 '케네디'(Kennedy)를 한자로 표기한 것으로, 미국의 36대 대통령을 지낸 케네디의 선조들이 병원 설립에 필요한 비용을 기부했기 때문에 이런 이름을 갖게 되었습니다.

다른 여러 곳과 마찬가지로 강계의 3·1운동에도 그 중심에 기독교가 있었습니다. 강계에서는 4월 8일에 만세시위가 일어났는데, 계례지병원 지하실에서 독립선언서 2,000부를 찍었고 영실학교 학생들이 앞장섰습니다. 일본 경찰은 만세시위를 진압하기 위해 무자비한 처사를 서슴지 않았습니다. 3·1운동이 일어난 해의 10월 4일에 개회된 장로회 제8회 총회 회록의 각 노회 정황보고서에는 3·1운동으로 교회와 교인들이 겪은 어려움이 거의 빠지지 않고 등장합니다. 산서노회의 보고서에는 교인들이 당한 사망, 태형, 구류, 복역 등이 적혀 있으며, "강계읍교회당 종(鍾)은 만세운동을 시작한 고로 지금까지 그 종을 치지 못하오며"라는 말이 덧붙어 있습니다. 교회의 종소리를 신호로 만세를 부르기 시작했기 때문에 그 종도 함께 '직무정지'라고 할 수 있는 처벌을 받은 것입니다.

당시 영실학교의 교장은 앞에서 소개한 호프만 선교사였습니다. 그는 일경에게 체포된 제자들이 가혹한 처우를 받는 것을 보고 일본 당국에 강력하게 항의하고, 사태를 수습하기 위해 동분서주했습니다.

지금 북녘에는 '강계정신'이라는 말이 널리 쓰이고 있습니다. 1990년대의 '고난의 행군'을 극복하는 데 자강도가 모범을 보였다고 해서 이 말이 생겨났는데, 교회는 강계의 기독교가 한 일들을 살피면서 교회 나름의 강계정신을 되새길 필요가 있다고 말하고 싶습니다.

만포

이곳은 한국전쟁 당시 북으로 끌려간 교회지도자들이 한동안 수용되어 있던 곳입니다. 우리는 그들을 잊지 말아야 합니다.

희천

지금의 자강도는 거의 대부분이 미 북장로회의 선교구역이었는데, 예외가 단 한 곳 있었습니다. 자강도의 남서지역으로 평안북도, 평안남도와 경계 지역에 있는 희천은 감리교 선교구역이었습니다. 그러니까 '감일점'(監一點)이라고 할 수 있는 곳입니다. 그래서 산서노회 지경에서 희천이 빠진 것입니다.

희천에는 1900년대 초반에 감리교인들에 의해 전도활동이 이루어져 1902년에는 희천의 중심지에 신앙공동체가 생겼고, 1903년에는 두 개의 예배당이 있었던 것으로 파악되고 있습니다. 희천에 복음을 전한 분은 모리스(C. D. Morris, 慕理是) 선교사입니다. 모리스 선교사가 부인과 함께 희천을 방문했을 때 서양인을 처음 본 주민들이 주막의 마당을 가득 채우고 두 사람을 구경했다는 기록이 전해지고 있습니다. 다른 선교사들도 각지에서 이런 일을 겪었으며, 선교사들은 이것을 전도의 기회로 활용하기도 했습니다.

1938년 당시 희천에는 희천읍교회, 석상(石上)교회, 신풍(新豊)교회, 관동(館東)기도처가 있었는데 신풍교회와 관동기도처가 있던 곳은 지금은 동신군에 속해 있습니다. 희천읍감리교회는 42평 규모의 목조 기와 예배당과 목사 주택, 전도부인 주택을 가지고 있었고, 양성(養性)여학교를 운영하고 있었습니다. 이 교회들은 최일영(崔日永) 목사가 모두 담임했습니다. 감리교는 한 분의 목사가 담임하고 있는 여러 교회를 묶어 '구역'이라고 불렀는데, 이 교회들은 감리교 서부연회 영변지방 희천구역에 속해 있었습니다.

희천에 있는 발전소는 김정일 위원장이 많은 관심을 가지고 완공을 독려하던 곳입니다. 2011년 9월 이후 「로동신문」에 희천 발전소 건설에 대한 기사가 자주 실렸는데, 9월 29일의 기사에는 "세인을 경탄시킨 희천속도"라는 제목이 달려 있습니다. '희천속도'는 10년 이상 걸려야 할 공사를 불과 2년 남짓한 기간에 완공했다고 해서 생긴 말입니다.

우시군

우시군은 우면(雩面)과 시면(時面)을 중심으로 만들어졌습니다. 여기서 '우'(雩)는 '기우제 우' 자이며, 기우제를 많이 드렸기 때문에 이런 이름을 갖게 되었습니다. 또 '시면'은 시제를 드리던 고장이어서 갖게 된 이름이라고 합니다. 이름만 보아도 전통 민간신앙이 강한 곳이라는 것을 금방 알 수 있는데 이곳에도 1920년에 설립된 우장(雩場)교회를 비롯해서 열 개가 넘는 교회가 있었습니다.

위원군

위원군에 있던 위원읍교회(1905년 설립)는 융신(隆信)학교를 운영했습니다. 1928년 4월 13일 자 「동아일보」 4면 '잡신'(雜信) 란에는 "위원읍교회 청년면려회 정기선회(鮮會: 뜻을 알 수 없음)에서는 남자는 등단할 수 있으나 여자는 강단에 설 수가 없다고 언쟁이 일어났다가 여자 측에서는 제명을 하여 달라고 한 회원까지 있었다고"라는 기사가 실렸습니다. 여권 확립을 둘러싼 갈등이 그때도 있었던 것 같습니다. 이 기사를 어느 글에 소개했더니 중진 신학자 한 분이, 기사에 언급된 그 여자 회원이 자기 할머니인 것 같은데 더 자세하게 알 수 없느냐고 물은 일이 있었고, 정부의 요직을 지낸 인사 한 분은 자기 집안이 위원읍교회에 출석했는데 고향교회 이야기를 해주어서 고맙다고 여러 차례 인사를 한 일도 있었습니다.

중강군

우리에게는 '중강진'이라는 이름으로 귀에 익은 곳입니다. 1933년 1월 12일에 영하 43.6℃까지 내려간 기록을 가지고 있는 매우 추운 곳입니다. 그래서인지 북녘의 속담 가운데는 "삼수갑산을 갈지언정 중강진은 못 간다."라는 속담이 있습니다. 삼수갑산은 산이 험한 오지이기에 예전에 정배를 많이 보내던 곳인데 그곳에 갈 수는 있어도 중강진은 못 가겠다는 것은, 마음에 들지 않는 일은 어떤 피해가 있더라도 절대로 할 수 없다는 뜻입니다.

중강군에는 중강제일교회(일명 중강진교회, 1903년 설립)를 비롯해서 열다섯 개 안팎의 교회가 있었습니다. 춥고 변방 오지인 이곳에 교회가 많았던 것은 아마도 주하룡(朱夏龍) 목사 같은 뛰어난 지도자가 있었기 때문이 아닌가 여겨집니다. 주하룡 목사는 중강군에서 멀지 않은 자성군 출신으로 평양장로회신학교 재학 중에 3·1운동이 일어나자 강계 만세시위를 이끌었고 이 일로 감옥생활을 했습니다. 그는 1924년에 중강진제1교회 담임목사로 부임했고, 1934년에 중강진제2교회를 개척했습니다.

1932년 7월 3일 자 「동아일보」 4면은 전면을 할애하여 농촌문제 해결책을 찾기 위해 '전 조선 유지 인사 총망라 궁민(窮民) 구제 대책 지상좌담회' 내용을 실었습니다. 주하룡 목사가 전 조선 유지 19명 가운데 한 분으로 선택되어 당당하게 의견을 개진한 것을 볼 수 있습니다.

자강도에 대해 이야기를 하노라면 스블론 땅과 납달리 땅이 생각납니다. 스불론 땅과 납달리 땅은 지정학이나 정치적·문화적·인종적 요인 때문에 멸시를 받던 곳이었습니다. 그런데 이사야는 그 땅을 두고 "어둠 속에서 고통받던 백성에게서 어둠이 걷힐 날이 온다. 옛적에는 주님께서 스불론 땅과 납달리 땅으로 멸시를 받게 버려 두셨으나, 그 뒤로는 주님께서 서쪽 지중해로부터 요단 강 동쪽 지역에 이르기까지, 그리고 이방 사람이 살고 있는 갈릴리 지역까지, 이 모든 지역을 평화롭게 하실 것이다."(사 9:1)라고 예언했습니다. 마태는 예수께서 나사렛을 떠나 스불론과 납달리 지경 해변에 있는 가버나움에 가서 거주하신 일을 기록하며 이는 이사야의 예언을 이루시려는 것이라고 했습니다.(마 4:14) 스불론 땅과 납달리 땅과 마찬가지로 자강도도 여러 환경이 열악한 곳입니다. 그런 자강도에 큰 빛이 비치기를 바라는 마음이 간절합니다. 복음의 큰 빛 말입니다. 마태는 "그 때부터 예수께서는 '회개하여라. 하늘 나라가 가까이 왔다' 하고 선포하기 시작하셨다."(마 4:17)라고 적었는데, 이 말도 함께 이루어졌으면 좋겠습니다.

10.
함경북도
: 교회, 동북에서도 왕성했었다!

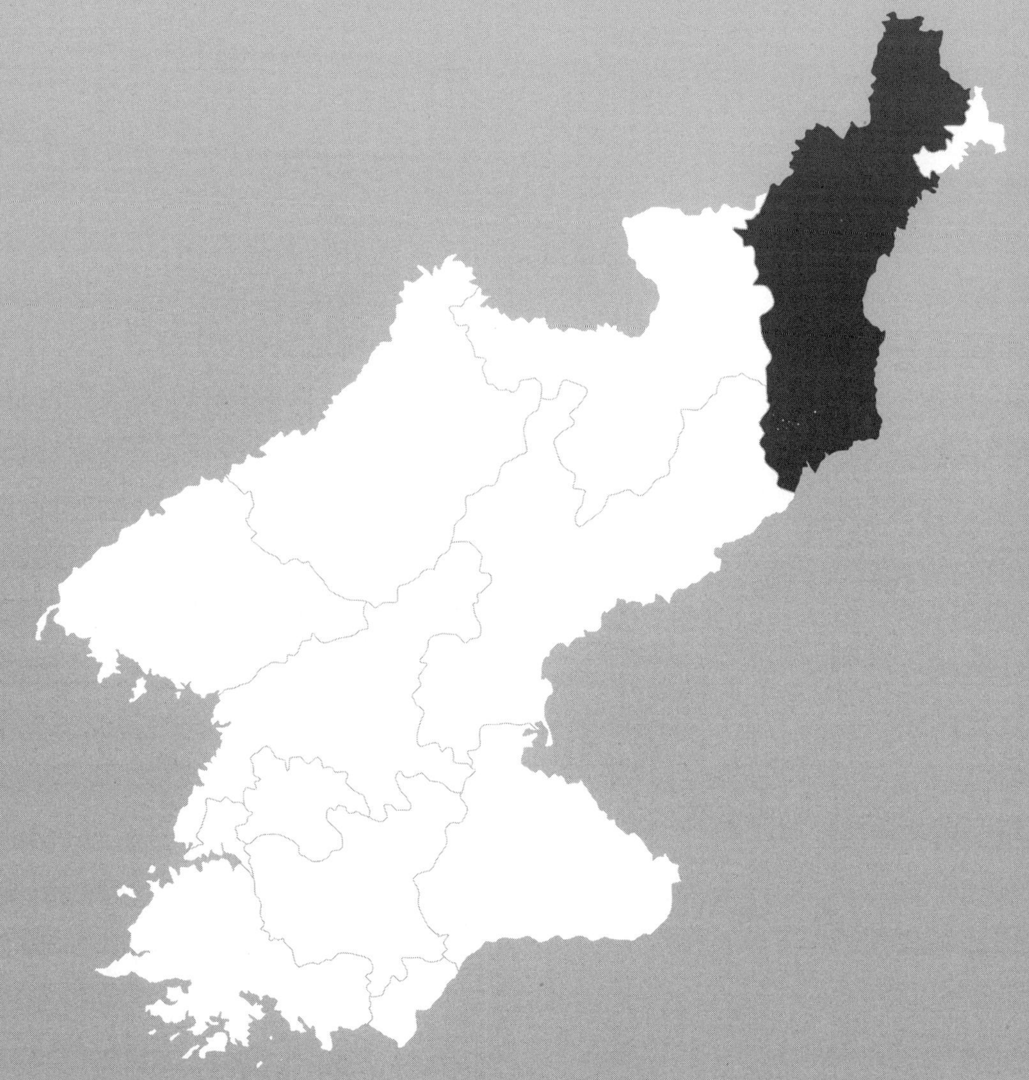

이름을 왜 환원했을까

현재의 함경북도는 세 개의 시와 열두 개의 군으로 이루어져 있습니다. 세 개 시는 도소재지인 청진(淸津)과 김책(金策), 회령(會寧)이고, 열두 개 군은 경성(鏡城), 경원(慶源), 경흥(慶興), 길주(吉州), 명간(明澗), 명천(明川), 무산(茂山), 부령(富寧), 어랑(漁郎), 연사(延社), 온성(穩城), 화대(花臺)입니다. 학창 시절 국사 수업시간에 세종 때 4군 6진을 설치했다는 사실을 배웠을 텐데 그때 외운 6진의 이름 가운데 5개가 이 안에 들어 있습니다.

이 지명들 가운데는 북방 방어와 관계있는 곳이 여럿 있습니다. 세종 때 부령에 진을 설치하고서 “진이 설치되면서 북쪽이 평안해졌다.”라는 뜻으로 이름을 영북진(寧北鎭)이라고 했습니다. 회령과 부령의 ‘령’은 영북진에서 따온 것입니다. ‘평온한 성’이라는 뜻의 온성도 같은 유래를 가진 지명입니다.

청진은 북녘에서 평양, 남포특별시, 함흥 다음으로 인구가 많은 도시입니다. 청진은 도(道)의 위상과 비슷한 직할시가 된 적이 두 번 있었으며, 현재 일반시이기는 하지만 다른 지역의 ‘구’에 해당하는 ‘구역’을 일곱 개 가지고 있습니다.

함경북도의 지명과 관련해서 궁금한 점이 몇 가지 있습니다. 먼저 경원과 경흥에 관한 것인데, 이 지역은 이성계의 조상들과 관계있는 곳이어서 ‘경사의 근원’, ‘경사스럽고 홍성할 곳’이라는 뜻으로 그런 이름을 갖게 되었습니다. 북은 1997년에 경원을 ‘새별’로, 경흥을 ‘은덕’(恩德)으로 바꿨습니다. 새별은 “김일성 주석이 항일투쟁 시기에 일제의 통치하에서 고생하는 주민들에게 새별처럼 조국 광복의 서광을 비쳐주었다.” 하여 만들어진 이름이고, 은덕은 “김일성 주석과 김정일 위원장의

크나큰 은덕으로 나날이 변모해가는 고장이라 하여" 만들어진 이름입니다. (큰따옴표 안의 표현은 북측 자료를 그대로 옮긴 것입니다.)

그런데 북은 2005년 4월에 새별과 은덕을 경원과 경흥으로 환원하였습니다. 북이 그토록 폄하하는 '리씨 봉건왕조'를 재평가하는 것인지 궁금해서 이리저리 알아보고 탈북민들에게 물어보아도 시원한 답을 얻지 못했고, 탈북민들은 새별과 은덕 같은 이름을 더 익숙하게 여기고 있다는 사실만 확인할 수 있었습니다.

당시 명간군 또한 옛 이름을 되찾았습니다. 명간군은 화성군(化成郡)이라는 이름을 갖고 있었는데, 여기서 '화성'은 김일성 주석이 이곳을 화학공업기지가 될 수 있도록 배려해주었다는 뜻을 가진 명칭입니다. 김일성 주석을 칭송하는 이름에 어떻게 손을 댈 수 있었는지도 궁금합니다. 독자들 가운데 아는 분이 있으면 알려주실 것을 부탁드립니다.

명간군에 대해서는 궁금한 점이 하나 더 있습니다. 명간은 1952년에 신설된 군이며, 처음 이름은 영안군(永安郡)이었습니다. 이곳에 흥남비료공장의 분소인 영안질소비료공장이 있어서 그렇게 된 것인데, '영안'은 '나가야스'라는 일본인 공장주 이름에서 온 것입니다. 분단 직후부터 왜색 일소에 그토록 철저했던 북이 왜 일본식 이름을 지명으로 택했는지 궁금합니다. 정리하자면, 북은 1967년에 영안군이라는 이름을 버리고 이곳에 있는 냇물의 이름을 따서 명간군이라고 했으며, 1981년에 화성군(化成郡)으로 그 명칭을 바꾸었다가 다시 명간으로 환원시켰습니다.

지경을 넓힌 노회

함경북도는 캐나다장로회의 선교구역으로, 장로교회가 압도적으로 많았으며, 그 장로교회들은 함북노회의 관할 아래 있었습니다. 장로교 총회가 조직될 당시 함경도에는 함경노회 하나만 있었는데 1917년 9월에 열린 제6회 총회에서 함경노회를 함남노회와 함북노회로 나누기로 결의하였습니다. 함북노회를 조직하기 위한 회의는 1917년 11월 20일 용정교회에서 열렸고 3회, 4회, 5회 노회가 계속해서 간도지역에서 열렸습니다. 함북노회는 이와 같이 당시 이름 간도, 현재 이름 옌볜(延邊)인 중국 동북 지역을 주요 무대로 하여 출발했습니다.

간도지역은 민족운동가들이 활발하게 활동하던 곳인데 민족운동가 중에는 기독교인이 많았습니다. 3·1운동 때 이 지역에서도 규모가 큰 만세시위가 행해졌고 이로 인한 희생이 적지 않았습니다. 그래서 1919년 9월 15일에 간도 와룡동교회(臥龍洞敎會)에서 열린 제4회 함북노회는 간도북시찰과 간도서시찰의 피해보고대회 같은 분위기 속에서 진행되었습니다.

3·1운동에 이어서 벌어진 청산리전투에서 대패한 일본군은 이에 대한 보복으로 간도지역에서 무자비한 학살과 방화를 감행했습니다. 이것을 '경신참변'(庚申慘變)이라고 부르는데 이때 많은 교회가 불타거나 파괴되고 교인들이 목숨을 잃었습니다. 그 가운데에서도 대표적인 것이 간장암교회(間獐岩敎會) 사건입니다.

이런 수난 가운데에서도 간도지역의 교회들은 꾸준히 성장하여 1921년에는 간도지역의 교회들로 이루어진 간도노회가 별도로 조직되었습니다. 간도노회는 1925년에 동만노회(東滿老會)로 이름을 바꾸고 장로교의 유력한 노회 가운데 하나로 자리매김을 했습니다.

간도지역의 교회들도 캐나다장로회와 밀접한 관계를 갖고 있었습니다. 우리는 캐나다장로회가 함경도 선교의 연장선상에서 간도 지역 선교를 담당하여 많은 일을 한 것을 잊지 말아야 합니다.

함북노회는 간도노회를 분립시키고 난 뒤 1921년 10월 10일에 성진에서 연 노회를 다시 제1회 노회라고 부르고 있기 때문에 함북노회의 회기 계산에는 혼선이 빚어지기도 합니다. 다음은 1921년에 열린 간도노회 분립 후 제1회 노회록의 서문입니다.

> 찬송하리로다 천부의 넓으신 사랑과 크신 은혜로 조선민족을 긍휼히 보사 각곳에 교회를 세워 구원의 기관을 세우시고 또 교회를 치리하는 노회를 허락하사 지금 17노회로 된 총회를 허락하셨도다 본 노회의 연혁은 본시 함경노회의 1분자로 있다가 왕성함을 따라 북간도까지 합하여 함북노회가 되고 총회 제10회 허락을 반아 간도노회가 따로 분리된 후 해삼위 일대를 통괄하여 전 명칭을 계속하여 함북노회 조직회가 성진서 모이게 되었도다. 이후로 하나님의 은혜가 더욱 풍성하사 더욱 발전하여 주께 영광돌릴 줄 믿고 이에 권두에 서하노라

제가 가지고 있는 노회록의 사본에는 이 서문 옆에 '기독교박물관 김양선 기증본'이라는 사각형의 큼직한 도장이 찍혀 있습니다. 한국교회사 연구, 특히 사료수집에 평생을 바친 김양선(金良善) 목사께서 숭실대학교의 한국기독교박물관에 기증한 자료라는 것을 알려주는 도장입니다. 이 도장을 볼 때마다 그분에 대한 감사가 새로워지곤 합니다. 그런데 그 앞의 표지에는 '조선총독부 경무국'이라는 장방형의 스탬프가 찍혀 있습니다. 총독부 경무국의 검열을 받았다는 뜻인 것 같습니다.

서문에 나와 있는 것처럼 함북노회는 해삼위(海參威, 블라디보스토크)의 교회들도 통괄했습니다. 장로교의 블라디보스토크 선교와 관련하여

기억되어야 할 분이 최관흘(崔寬屹) 목사입니다. 최 목사는 평북 정주 출신으로 그곳 일대에 여러 교회를 세웠고, 1909년에 평양장로회신학교를 졸업했는데(제2회) 같은 해에 블라디보스토크 선교사로 파송받아 현지에 부임하여 눈물겨운 선교활동을 해서 많은 열매를 맺었습니다. 그러나 초기부터 오해와 갈등으로 인해 조사단이 파견되기도 했고, 러시아 당국과 정교회의 압력 등 여러 사정 때문에 러시아정교회로 적을 옮겨 이 일로 인해 장로교회에서 면직을 당했습니다.

그 뒤에 그의 형편과 행적이 알려지면서 1922년 8월 31일, 청진 신암동교회에서 열린 제2회 함북노회에서 복직이 됩니다. 이 노회에서 시베리아 시찰회장인 푸트(W. R. Foot, 富斗一) 선교사는 시베리아 시찰구역 보고를 하면서 "최관흘 씨는 애통하며 회개하오니 해벌하여 주심을 청원하오며"라고 했고, 노회는 이를 규칙부 위원에게 맡겼습니다. 규칙부는, 최 목사는 함경노회에서 면직하였는데 지금 (해삼위는) 함북노회에서 관할하는 지방이요, 또한 그 지방 시찰회에서 충분히 증거하여 청원하는 일이니 해벌하고 복직하여 본회 회원으로 받는 것이 합당하다고 보고했습니다. 이에 따라 몇 가지 절차를 거쳐 노회는 "최관흘 씨는 목사로 복직한 일"이라고 공포했습니다. 『조선예수교장로회사기』(하권)도 이 일을 자세하게 전하면서 "동월(1922년 8월) 하오 4시에 청진예배당에서 목사로 임직하는 안수식을 행하다."라고 적었습니다.

복직 후 최 목사의 행적에 대해서는 단편적인 사실 몇 가지 외에는 잘 알려지지 않았습니다. 오래전에 '광복 후 평양에 진주한 소련군의 통역 가운데 매우 점잖은 사람이 있었는데 그가 자신이 최관흘 목사의 아들이라고 말하는 것을 들었다.'라고 회상한 분을 만난 일이 희미한 기억 속에 남아 있습니다.

그로부터 70여 년의 세월이 흐른 1998년의 일입니다. 러시아 당국은 선교사들을 규제할 목적으로 모든 종교법인은 재등록을 하라고 하면서 재등록 요건의 하나로 러시아에서 15년 이상 활동한 증명을 요구했습니다. 현지에서는 고심 끝에 최 목사의 기록을 찾아내 이를 바탕으로 연해주의 모든 장로교 선교사들이 재등록을 마칠 수 있었습니다.

예장 통합측 역사위원회는 2014년에 최관흘 목사의 사역을 '국내선교사 사적 22호'로 지정하고, 연해주장로교공의회와 공동주관으로 6월 12일에 블라디보스토크 장로회신학교 강당에서 지정식을 열었습니다.

교회에서는 '지경을 넓힌다'는 말을 많이 씁니다. 함북노회는 국내뿐만이 아니고 중국 동북지역과 노령원동(露領遠東) 지역까지 지경을 넓힌 노회라고 할 수 있습니다. 이제 함경북도 여러 지역의 교회 이야기를 하려고 합니다.

각 지역의 교회 이야기

청진

청진에는 1898년에 청진중앙교회가 세워지고 꾸준히 발전했습니다. 북녘기독교사 연구의 개척자인 사와 마사히코(澤正彥) 목사(작고)는 그의 역저『남북한기독교사론』에서 해방(종전) 직후 북한 교회의 형편을 기록하면서 "신학교는 장로교의 평양신학교와 감리교의 성화신학교(聖化神學校)가 합병되어 1950년 봄 기독교신학교로 재편성되었다. 이 신학교와 청진(淸津)에 남겨져 있던 함북(咸北)신학원이 한국전쟁 직전까지 북한에 있었던 마지막 두 개의 신학교였다."(243쪽)라고 했습니다. 분단 후 청진에서 과연 함북신학원이 운영되었는지, 그렇다면 함북노회가 설립을 추진하던 함북성경학원과 어떤 관계가 있는지 궁금합니다.

1943년에 우리나라의 장로교는 일본기독교조선장로교단이 되었고 함북노회도 함북교구로 개편됨에 따라 함북성경학원 설립 계획은 무산되어 버렸습니다.

청진과 관련해서 꼭 기억해야 할 인물이 있습니다. 감리교의 김진호(金鎭浩) 목사입니다. 아호가 애산(愛山)인 김진호 목사는 독립운동가로 잘 알려져 있는 분으로, '감리교의 함경도 선교 개척자'라고 부를 만한 발자취를 남겼습니다.

여러 번 나온 이야기이지만 함경도는 선교구역 분할협정에 따라 캐나다장로회 선교부가 선교를 담당했기 때문에 감리교회가 거의 없었습니다. 그런데 1930년대 후반에 이르러 선교구역 분할협정이 깨지기 시작했고, 1939년에 열린 감리교 제7회 연회에서 전도위원회가 "기위(已爲) 장감구역이 철폐된 이상 중요 지역에 감리교회를 확장할 것"을 요망한다고 보고합니다. 이런 흐름 속에서 감리교 총리원은 당시 삼청동교회와 궁정교회를 담임하던 68세의 김진호 목사를 청진으로 파송했습니다. 김 목사는 1940년 1월 23일에 청진감리교회를 세웠고, 이어 청진 주변의 경성(鏡城), 주을(朱乙), 어항(漁港), 생기령(生氣嶺)에 계속해서 감리교회를 세웠습니다.

김진호 목사는 함경북도 일대에서 전도한 일을 자세하게 적은 『북선전도약사』(北鮮傳道略史)라는 기록을 남겼습니다. 이 책자에서 김 목사는 8·15광복을 '사변'(事變)이라고 적었습니다. 일본에 이어 소련군이 들어와 군정을 실시했기 때문에 '해방' 대신 이 말을 쓴 것 같은데 이 책을 통해 소련군정 치하에서 그 지역 교회들이 겪은 어려움을 생생하게 대할 수 있습니다. 김 목사도 소련군에 의해 50여 일간 구금되어 많은 고생을 했습니다.

청진의 송평구역(松平區域)에는 지금도 옛 교회의 건물 하나가 남아 있습니다. 예전 행정구역으로 경성군(鏡城郡)의 농포동(農浦洞)에 있던 농포동교회 건물입니다. 그리고 청진의 청암구역에는 '례배당마을'이라는 이름을 가진 곳이 있는데 이곳에 어느 교회가 있었는지는 파악하지 못하고 있습니다.

김책(성진)

김책시의 원래 이름은 성진(城津)입니다. 북에서 '공화국 영웅'이라고 부르는 김책을 기념하여 1951년에 현재의 이름으로 바꿨습니다. 북녘의 『조선대백과사전』에는 김책공업종합대학을 비롯하여 '김책'이라는 이름이 붙은 지명 또는 기관 일곱 개가 표제어로 수록되어 있습니다.

성진은 캐나다장로회의 선교지부가 있던 곳입니다. 1900년 11월에 그리어슨(R. G. Grierson, 具禮善)과 맥레(D. M. MacRae, 馬具禮) 두 선교사가 전도와 탐색을 겸해 성진을 방문했는데 이들은 성진 땅을 밟은 최초의 외국인으로 전해지고 있습니다. 그리어슨은 선교사 모임에서 성진의 중요성을 역설했고, 캐나다장로회 선교부는 원산과 함흥에 이어 성진에 선교지부를 설립하기로 결정하였습니다. 이에 따라 그리어슨 선교사 가족이 어학 선생인 홍순국(洪淳國) 조사와 함께 1901년 5월 18일에 성진에 이주하여 성진 선교가 시작되었습니다.

그리어슨 선교사는 성진 정주 첫해에 예동교회(禮洞敎會)와 욱정교회(旭町敎會)를 설립했습니다. 의사인 그리어슨은 성진에 제동병원(濟東病院)을 세웠고, 보신학교(普信學校)도 세웠습니다. 그리어슨은 음악과 스포츠에도 능한 사람이었는데 이런 그의 재능은 선교에 잘 활용되었습니다.

3·1운동 당시 교회가 왕성했던 곳에는 만세운동 역시 활발하게 일어났다는 사실이 일종의 공식처럼 여겨지는데, 성진도 예외가 아니었습니

다. 성진 만세운동은 3월 10일부터 12일까지 진행되었고, 그 중심에는 강학린(姜鶴麟) 목사가 우뚝 서 있습니다. 성진은 많은 중진 교역자들이 목회를 했고, 또 많은 인물을 배출한 곳으로도 유명합니다.

김책 출신으로, 탈북 후 신앙을 갖게 되었고 신학을 공부하고서 기독교와 관련된 활동을 열심히 하고 있는 한 탈북민이 있는데, 그는 자신의 고향이 그토록 교회가 왕성했던 곳임을 전혀 모르고 있었습니다. 또 김책이 그런 곳이었다는 사실을 알려주어도 별다른 감동을 받지 않았습니다. 그래서 저는, '아! 그리스도인 탈북민들은 북녘 복음화의 중요한 일꾼들인데…. 이들이 북녘교회사에 대한 지식과 역사의식을 갖도록 돕는 일에 힘써야 하겠구나!' 하고 느꼈습니다. 지금 그 일은, 매몰되어 있지만 풍성한 수량을 가진 수맥(水脈)을 찾아 활용하는 일이라 할 수 있습니다.

회령

회령에 제일 먼저 세워진 교회는 승암동교회(勝岩洞敎會)입니다. 이 교회의 설립에 대해 『조선예수교장로회사기』(상권) 1908년의 기록에는 "회령군 승암동교회에서 초가 8간을 매수하여 예배당으로 사용하니라."라는 내용이 한 줄 있습니다. 전후 문맥으로 보아 승암동교회는 혹시 그 이전에 세워졌는지도 모릅니다. 1908년에는 회령의 중심이라고 할 수 있는 회령읍교회도 설립되었습니다.

회령은 북간도로 가는 건널목 같은 곳이었습니다. 따라서 1912년에 캐나다장로교 선교부가 회령에 세운 선교지부는 간도지역 교회들의 후방기지 역할을 했습니다. 또한 이 선교지부는 주변 여러 교회와 함께 진명(晉明), 신흥(信興), 보흥(普興) 등 교육기관을 설립했습니다. 그 가운데 보흥학교는 그 일대의 유일한 여자고등교육기관이었습니다.

그 외에도 회령에는 회령성결교회와 운연성결교회(雲淵聖潔教會)가 있었고 10여 개의 침례교회도 있었는데, 관련 기록이 거의 발견되지 않고 위치도 알 수 없어서 아쉬움을 주고 있습니다.

한편 회령은 국경도시이기 때문에 일본군 수비대가 주둔해 있었습니다. 3·1운동 때 회령의 교회, 학생들이 앞장서서 만세를 부르자 수비대가 출동해서 그들을 무자비하게 진압했습니다.

중국의 삼합진(三合鎭)에는 회령이 잘 보이는 곳에 전망대 역할을 하는 망각루(望閣樓)와 취락정(聚樂亭)이 있습니다. 전에는 그렇지 않았는데 최근에 그곳에 가려다가 출입을 저지당했다는 이야기를 몇 사람으로부터 들었습니다.

길주

1910년대 초에 길주의 교인 몇 세대가 두만강을 건너 허룽(和龍)으로 이주해서 마을을 이루었고, 그 이름을 구세동(救世洞)이라고 지었습니다. 이 마을에는 기독교인만 살 수 있었고, 유무상통의 공동생활을 했으며 주일을 철저하게 지켰다고 전해집니다. 1913년, 이 마을에 구세동교회가 설립되었는데『조선예수교장로회사기』(하권)는 김내범(金迺範) 목사, 푸트 선교사, 바커(A. H. Barker, 朴傑) 선교사, 김계안(金桂顔) 조사 등이 이어가며 교회를 돌보았다고 전해줍니다. 1918년에 김내범 목사가 전임목사로 시무하게 되었는데 김 목사는 다음 해에 영생동교회(永生洞教會)로 임지를 옮겼습니다.

중국이 사회주의국가가 된 후 이곳은 구세동 대신에 풍산(豐産)마을이라는 이름을 쓰게 되었습니다. '주민들이 부지런히 일해 많은 소출을 올리는 마을'이라는 뜻으로 해석이 됩니다. 이곳에는 옛 공동묘지가 폐허 상태 그대로 남아 있는데, 십자가가 새겨진 묘비, 이름 앞에 '장로'라고 새겨진 묘비, 연도 앞에 '구주강생'이라고 새겨진 묘비가 있습니다.

구세동 이야기를 하다 보니 길주 출신 교인들의 철저한 신앙생활에 저절로 경의를 표하게 됩니다. 또 길주는 우리 땅인데 현지에서는 교인들의 자취를 찾지 못하고 남의 땅에 가서 찾을 수밖에 없다는 사실에 마음이 서글퍼지는 것을 막을 수가 없습니다.

한반도 동북부에 있는 함경북도 교회들의 이야기를 나누다 보니까 저도 모르게 '교회가 서북뿐만 아니라, 동북에서도 왕성했었구나!' 하게 됩니다. 사실 한국교회의 역사 연구는 서북지방, 북장로회의 선교, 북감리회의 선교 등이 너무 강조되는 경향이 없지 않습니다.

함경북도의 교회들이 중국 동북지역과 노령원동지방 선교를 위해 힘쓴 것을 살피면서 "북쪽 땅으로 나간 말들이 북쪽 땅에서 내 마음을 시원하게 하였다."(슥 6: 8)라는 스가랴서의 말씀을 떠올리게 됩니다. 이 말씀은 심판과 관계된 내용의 일부이지만, 이 부분을 문자적으로 해석하여 북쪽 땅으로 나가 수고한 발자취가 하나님을 기쁘시게 한다고 받아들일 수도 있을 것입니다. 함경북도 교회들의 자취를 돌아보면서 이 말씀과 함께 우리의 마음이 북녘을 향하고, 그곳에서 복음의 역사가 이어지도록 힘써야겠다는 다짐을 같이 나누고 싶습니다.

11.

함경남도

: 지금도 남아 있는 캐나다장로회의 자취

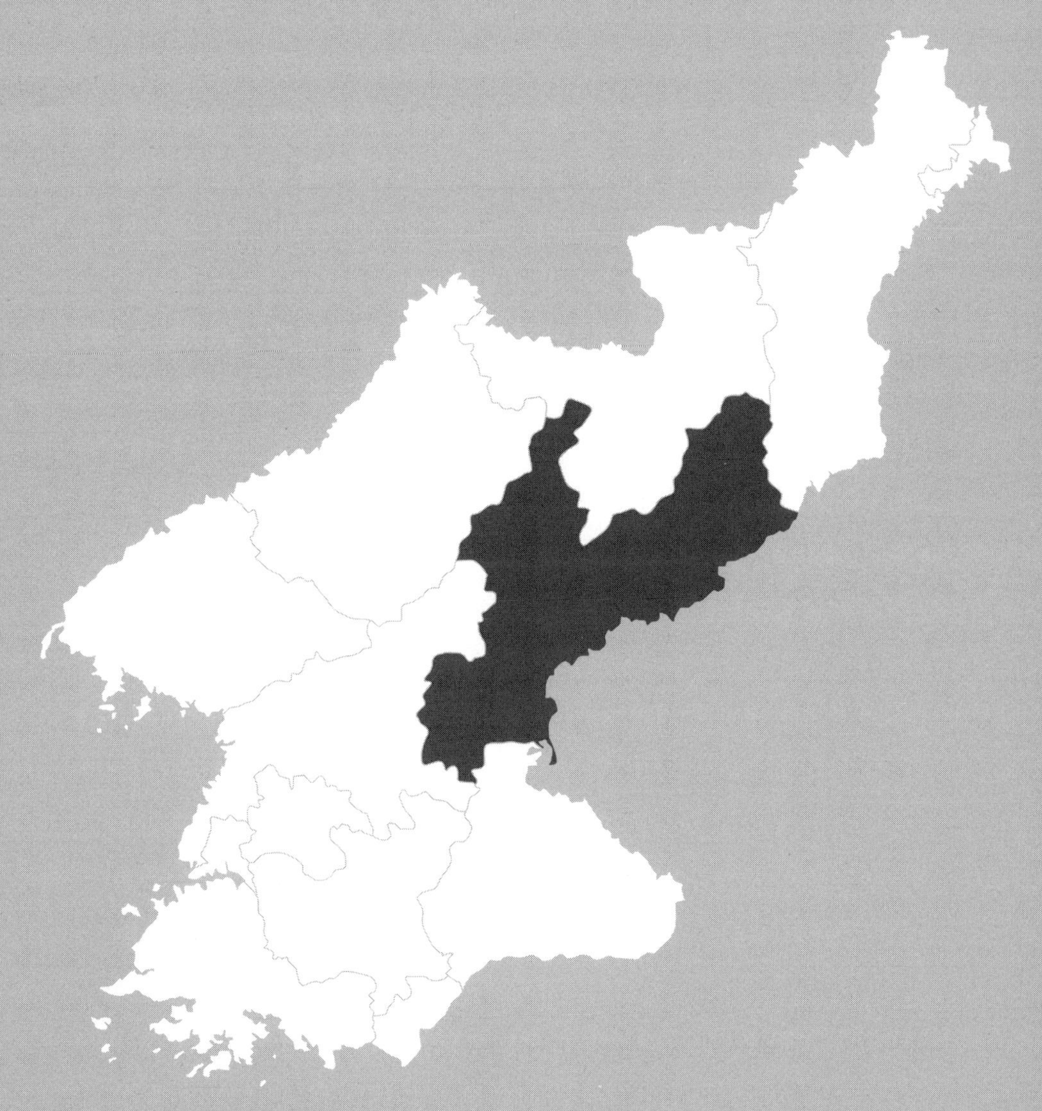

함경남도의 시와 군

우리나라 각 도의 이름은 대부분 그 도가 남도와 북도로 갈라지기 이전에 그 도의 중심 지역 둘을 택해 그 첫 글자를 모아 만들어졌습니다. 경기도와 제주도, 량강도를 제외하고는 모두 이런 방식으로 이름이 붙여졌습니다.

함경도의 도명(道名) 변천사를 보면 중심지가 계속 바뀌었다는 사실을 알게 됩니다. 이 지역은 강릉도, 영길도(永吉道), 함길도(咸吉道), 영안도(永安道) 등으로 이름이 변해 왔는데, '영'은 영흥(永興), '길'은 길주(吉州), '안'은 안변(安邊)의 첫 글자를 딴 것입니다. 1509년에 함흥(咸興)과 경성(鏡城)의 첫 글자를 합해서 현재의 이름을 갖게 되었는데, 경성군은 예전에 매우 번성하던 곳으로 1884년부터 1923년까지는 함경북도 도소재지였습니다.

함경도는 1806년에 함경남도와 함경북도로 나뉘었고, 분단 후인 1946년에는 원산과 그 주변이 강원도로 이속(移屬)되었으며, 1954년에는 부전령 북부 8개 군이 량강도(兩江道)로 분립되었습니다.

현재의 함경남도는 3개 시와 15개 군, 1개 구와 1개 지구로 이루어져 있습니다. 3개 시는 함흥과 단천(端川)과 신포(新浦)입니다. 함경남도의 도소재지인 함흥은 북녘에서 두 번째로 큰 도시이며, 관북에서는 제1의 도시로 꼽히고 있습니다. 단천은 북녘이 '세계 굴지의 마그네사이트 생산기지'라고 말하면서 「로동신문」에 자주 등장시키는 룡양광산(龍陽鑛山)이 있는 곳이며, 신포는 '국내 굴지의 어항도시'입니다.

15개 군은 고원(高原), 금야(金野), 덕성(德城), 락원(樂園), 리원(利原), 부전(赴戰), 북청(北青), 신흥(新興), 영광(榮光), 요덕(耀德), 장진(長津), 정평(定平), 함주(咸州), 허천(虛川), 홍원(洪原)입니다. 이와 함께 1990년에

고원군에서 분립한 수동구(水洞區)와 1995년 9월에 신포시의 일부 구역으로 신설한 금호지구(琴湖地區)가 있습니다.

다른 곳과 달리 함경남도는 1952년 '군면리 대폐합' 때 북청군에서 분립한 덕성군, 그리고 영흥군에서 분립한 요덕군, 이 둘만이 새로 탄생하였습니다. 함경도에서 살다 탈북한 분들과 이야기를 나누다가 새 행정구역에 대해 "함경도 사람들은 그런 이름들을 낯설어해요." 하고 말하는 것을 몇 번 들은 적이 있습니다. 또 예전에 함경남도 소속이었던 김형권군(金亨權郡, 지금은 량강도에 속해 있음) 이야기를 하니까 알아듣지 못하다가 풍산군(豊山郡)이라는 옛 이름을 꺼낸 후에야 비로소 알아듣는 분도 있었습니다.

위의 지명 중 세 곳은 원래의 이름이 변경된 지역입니다. 세 곳 다 북녘의 정치적 필요에 의해 개명이 되었습니다. 금야의 원래 이름은 영흥입니다. 1977년 북녘은 이곳의 이름을 '검은 금인 석탄이 많이 산출되고 황금 이삭 물결치는 기름진 밭을 낀 살기 좋은 고장'이라는 뜻의 금야로 바꾸었습니다. 영흥의 이름을 없앤 것은 영흥이 이성계 외조부의 고향이어서 우대를 받았던 것과 무관하지 않다는 것이 일반적인 견해입니다. 북은 '리성계'가 세운 '리씨왕조'를 봉건주의의 대표적 존재로 꼽으면서 배척하고 있습니다. 그리고 영광군의 원래 이름은 오로군(五老郡)입니다. 1981년 10월에 '김일성 주석의 사랑과 배려가 깃든 영광의 고장'이라는 뜻의 현재 이름으로 바뀌었습니다. 또 락원군은 원래 퇴조군(退潮郡)이었는데 1982년 9월에 '살기 좋은 사회주의 낙원으로 전변(轉變)된 군'이라고 해서 현재의 이름으로 바뀌었습니다. 앞에서도 그랬지만 여기에서 따옴표 안의 표현은 북측 자료에서 그대로 옮긴 것임을 밝혀둡니다.

그 중심에 캐나다장로회가 있었다

함경도 교회의 중심에는 캐나다장로회가 묵직하게 자리잡고 있습니다. 캐나다장로회가 이 지역 선교에 착수하기 전에는 미국의 북장로회와 북감리회, 남감리회, 대한기독교회(침례교)가 당시 함경남도에 속해 있던 원산을 중심으로 산발적인 선교를 하고 있었습니다. 그러다가 캐나다장로회 선교사들이 내한하고, 그들이 함경도를 선교구역으로 배정받은 이후에는 광범위하고 체계적인 선교 활동이 이루어졌습니다.

황해남도 편에서 소래교회 이야기를 하고, 덧붙여서 소래에서 선교를 하다가 불행하게 세상을 떠난 맥켄지(W. J. Mckenzie, 梅見施) 선교사에 대해 언급한 적이 있습니다. 캐나다장로회의 한국 선교에는 이 맥켄지 선교사의 죽음이 큰 영향을 미쳤습니다. 그가 세상을 떠난 뒤 소래의 교인들은 맥켄지 선교사의 사역을 통해 소래마을이 변화되었음을 밝히면서 캐나다교회에 '기독교인 선생님' 한 분을 보내달라고 호소하는 편지를 보냈습니다. 이 편지는 1895년 12월 16일에 작성되었는데, 때마침 캐나다장로회 총회 해외선교위원회는 한국에서 선교사업을 시작하는 일을 검토하고 있었습니다.

중간에 우여곡절이 있었지만 캐나다장로회는 1897년 10월 7일 한국 선교에 착수하기로 결의합니다. 맥켄지 선교사는 함경도 선교에서 땅에 떨어져 죽어 많은 열매를 맺은 한 알의 밀(요 12:24)이었습니다. 유서에서 그는 자신의 유산을 한국 선교를 위해 써 달라고 했는데, 그가 남긴 2,000달러는 시쳇말로 함경도 선교의 '종잣돈'이 되었습니다.

이런 과정을 거쳐 1898년 8월 2일에 목사이며 의사인 그리어슨(R. Grierson, 具禮孫) 선교사 부부, 푸트(W. R. Foote, 富斗一) 선교사 부부, 맥레(D. M. McRae, 馬具禮) 선교사는 캐나다 밴쿠버를 떠나 일본을 경유하여 9월 4일 제물포에 도착했습니다. 이들은 처음에 소래에서 선교활동을 하려고 했지만, 그곳이 너무 작은 마을인데다 맥켄지 선교사가 세상을 떠난 이후 북장로회가 그곳에 뿌리를 내리고 있는 것을 보고 다른 지역을 희망하게 되었습니다. 그래서 한국장로교선교사연합공의회를 통해 함경남북도를 배정받기에 이르렀습니다.

캐나다장로회 선교사들은 처음에는 원산을 중심으로 활동하다가 선교사들이 증원됨에 따라 1901년에는 함경북도 성진(成津, 현재의 김책시), 1903년에는 함흥, 1912년에는 회령(會寧)에 선교부를 설치하면서 지경을 넓혀갔습니다. 함흥의 선교부는 도시의 규모가 큰 관계로 빠르게 성장하며 활동 영역을 넓혀갔습니다.

장로교의 성장에 따라 1907년에는 평양에서 독노회가 조직되었고, 전국에 노회의 위임사무를 처리하는 7개의 대리회가 설치되었습니다. 함경남도와 함경북도의 교회는 함경대리회가 관할했습니다. 1912년에는 대리회들이 노회로 승격되었는데 함경노회는 원산에서 조직되었고 초대 노회장으로는 김영제(金永濟) 목사가 선출되었습니다.

교회가 계속 늘어나자 함경노회를 함남노회와 함북노회로 나누자는 의견이 많아져서 1918년 3월에 함흥에서 함남노회가 창립되었습니다. 함남노회의 초대 노회장은 맥레 선교사였으며, 함경남도의 교회와 더불어 함경북도의 성진, 길주, 명천(明川), 그리고 노령(露領) 블라디보스토크의 교회도 관할했습니다.

1925년 10월에는 함중노회(咸中老會)가 신설되어 함경남북도 중간 부분의 교회를 관할하게 되었습니다. 초대 노회장은 강학린(姜鶴麟) 목사였고, 그 중심 도시는 성진이었습니다. 함중노회는 사역자회를 조직하여 내륙지방과 오지 전도에 힘을 썼습니다.

1900년대 초반부터 캐나다에서는 장로교와 감리교, 회중교회가 서로 연합하는 문제가 거론되었고, 그 논의의 열매로 1925년 7월에 캐나다연합교회가 발족했습니다. 이때 일부 선교사들의 동요가 있었으나, 대부분의 선교사는 캐나다연합교회에 그대로 소속되어 선교 활동을 계속했습니다.

2011년에 『부르심 받아 땅끝까지: 내한 캐나다 선교사들의 삶과 신앙, 헌신의 발자취』라는 화보가 나왔습니다. 이 책을 보면서 캐나다장로회 선교사들의 노고를 새롭게 가슴에 새길 수 있었습니다. 저자인 최선수(崔瑄壽) 박사는 치과의사로 중국에서 여러 해 의료선교 활동을 했고, 지금은 캐나다의 비전펠로우십(Vision Fellowship) 대표로 일하면서 한국에서 일한 선교사들의 사료를 발굴하고 정리하는 데 힘을 쏟고 있는 분입니다. 책의 서문에서 저자는 캐나다에서 게일 선교사의 생가를 방문한 것과 셔우드 홀 선교사가 쓴 『조선회상』을 읽은 것이 계기가 되어 이 책을 쓰게 되었다고 밝히면서 "일찍이 우리나라에 와서 복음을 전했던 귀한 선교사들에 대해 이토록 무관심했음을 자책하게 되었고, 아직도 얼마나 많은 사람들이 내한 캐나다 선교사들에 대해 모르고 있을까 하는 생각이 들어, 내한 캐나다 선교사들의 자료 발굴 작업을 하게 되었다."라고 말했습니다. 많은 사람이 나누어 가져야 할 마음이 아닌가 합니다. 저자는 셔우드 홀 선교사가 밴쿠버의 한 병원에서 임종하기 직전에 그를 만나 악수를 한 일이 있다고 합니다.

캐나다장로회는 진보적인 신학과 사고를 가지고 있었습니다. 그것은 이 지역 교회에도 그대로 젖어 들어가 교회의 성격을 형성하는 데 큰 작용을 했습니다. 이 지역에서 한국기독교장로회의 지도자들이 많이 배출된 것도 그 영향이라고 할 수 있습니다. 캐나다장로회의 한국 선교는 오래전에 막을 내렸지만, 그 발자취는 지금도 남아 있는 것입니다.

학생들의 머리에 불이 붙었느냐?

3·1운동 당시 교회가 큰 역할을 했고, 그 때문에 많은 시련을 겪은 일은 다시 말할 필요가 없을 정도입니다. 함경남도의 교회 또한 예외가 아닙니다.

함경남도 지역에서 3·1운동이 먼저 일어나 치열하게 전개된 곳은 함흥입니다. 이곳에서의 3·1운동은 신창리교회(함흥읍교회, 함흥중앙교회라는 이름으로 불리기도 합니다.)와 함산학우회(咸山學友會)를 중심으로 일어났습니다. 함산학우회는 함흥 출신의 최순탁(崔淳鐸) 선생이 미션스쿨인 영생학교를 비롯해서 몇몇 학교의 학생들로 조직한 단체입니다. 이들은 평양과 원산의 인사들로부터 만세운동의 정보를 제공받으며 장날인 3월 3일에 만세운동을 일으키기로 하고 준비를 했습니다. 하지만 그 과정에서 약간의 차질이 벌어져 일부 시민이 2일부터 만세를 부르기 시작했으며, 순식간에 대규모의 만세운동으로 확산되었습니다. 당황한 일경과 헌병은 총칼과 방화 도구인 쇠갈퀴를 휘둘러 시위대를 진압하려고 했는데, 현장에서 이 광경을 목격한 맥레 선교사는 "학생들의 머리에 불이 붙었느냐?"라며 격렬하게 항의했습니다.

3·1운동으로 인해 함경남도의 교회들이 겪은 어려움은 1919년 9월 17일, 함흥 신창리교회에서 열린 제3회 함남노회의 노회록에 잘 드러나 있습니다. 함흥시찰의 보고 내용에는 먼저 교사들이 피착(被捉, 체포)되어 교회의 학교들이 정지되었다가 다시 문을 여는 중이라는 사실과 이어서 다음과 같이 교인들에게 언도된 형량이 기록되어 있습니다.

> 독립사건으로 인하여 시험당한 이와 고생받는 이와 애매히 형벌을 받은 자 많사오니,

3월 3일 독립만세 사건

1. 함흥에 복역 26인 중 장로와 집사와 교사와 영수와 학생이 함께 있사오며 태형 7인과 여학생 2인이오며
2. 수십 일 후 방면이 13인과 여학생 7인 합 20인
3. 중상(重傷)으로 즉시 방송한 자 2인이오며
4. 수일 악형을 받은 자 2인과 수삭(數朔) 악형 받은 자 2인과 애매히 악형 당한 부인 3인이오며

체포된 교인 가운데 조영신은 유치장에서 일경이 칼로 입을 찢는 악형을 받으면서도 만세를 선창했고, 서대문형무소에서 복역 중에 늑막염이 발병하여 병보석으로 풀려났으나, 출옥 후 일주일 만에 세상을 떠났습니다. 그의 장례식은 1920년 7월 1일에 많은 함흥 시민의 애도 속에 신창리교회에서 엄수되었습니다.

3·1운동으로 인한 피해는 교회에 큰 어려움을 주었습니다. 그러나 동시에 유익도 있었습니다. 교회에 대한 사회의 호감과 신뢰가 커져서 새로 교회로 들어오는 이들이 많았습니다. 제3회 함남노회록의 다음 한 줄 기록이 그것을 잘 말해주고 있습니다.

> 교회가 신령하여 가오며 새로 신자가 된 자가 많사오며 환난에 든든하여 가는 신앙심은 주의 은혜올시다.

이야기 모음

이제 함경남도와 그곳의 교회에 대한 이야기 넷을 전해 드리려고

합니다. 먼저 함경남도에는 성결교회가 여럿 있었다는 사실입니다. 1926년 당시 함경남도에는 12개의 성결교회와 6곳의 기도소가 있었습니다. 성결교는 특히 북청에서 활발하게 일했고, 함흥에 함흥성경학교를 두었습니다.

다음 이야기, 함경남도에 있던 교회들 가운데 지금도 교회 건물이 남아 있음이 확인된 사례가 하나 있습니다. 예전에 함남 함주군 천서면 고양리였으나 행정구역 개편에 따라 함주군 천서리가 된 곳에 있는 고양리교회(高陽里教會)가 바로 그것입니다. 함주에 살다가 탈북한 강철호 목사를 통해 이 사실을 확인할 수 있었는데 강 목사는 "종은 없지만 종탑도 그대로 남아 있어요. 동리 노인들은 그 건물이 교회였다는 사실을 잘 알고 있지요. 서양 사람들이 자주 왔었다고 하더군요. 지금은 구락부로 쓰이고 있는데 지하실에 이발소가 있어서 저도 이발하러 자주 갔어요."라고 하였습니다. [여기서 구락부(俱樂部)는 클럽(club)을 말하는데 북녘의 『현대조선말사전』(증보판, 2006)에서는 이 말을 "주로 근로자들을 위한 문화교양사업을 하는 데 쓰이는 공공건물"이라고 풀이하고 있습니다.]

이 사실을 알려준 강철호 목사는 현재 서울 양천구 신정동에 있는 새터감리교회를 담임하면서 북한기독교총연합회 회장을 비롯하여 통일선교 활동을 활발하게 하고 있습니다. 고양리교회 외에도 여러 교회의 건물이 남아 있을 것으로 여겨지는데, 그것들이 확인되고 잘 보존되었으면 좋겠습니다.

그다음 이야기, 북에서 원고를 작성하고 남에서 제작을 담당하여 2005년에 출간한 『조선향토대백과』를 통해 북녘에 교회가 있던 곳임을 알려주는 지명이 여럿 남아 있다는 것을 발견할 수 있습니다. 함경남도의 경우 먼저 단천시 문암리 동쪽에 '례배당촌'이 있는데, 이곳은 단천군 리중면이었습니다. 이곳에 어느 교회가 있었는지는 쉽게 확인이 되지 않습니다. 단천군에는 단천읍교회(端川邑敎會)를 비롯하여 5개의 교회가 있었는데, 그 가운데 하나가 있었을 것으로 추측할 따름입니다.

그리고 고원군 고원읍 미향산(美香山) 동남쪽에는 '례배당재'가 있습니다. 고원군에는 고원읍교회(高原邑敎會)를 비롯하여 4개의 교회가 있었으며, 그 가운데 하나가 있던 곳으로 추정할 수 있습니다. 또한 부전군 동높리에는 '례배당골'이라는 이름을 가진 곳이 있습니다. 동높리는 원래 함경남도 신흥군 동상면 광대리였는데 과거 동상면에 있던 도안역전교회(道安驛前敎會)를 비롯한 7개의 교회 중 하나가 있었을 것으로 추측됩니다. 이곳에 있던 교회뿐만이 아니라 북녘의 수많은 교회의 자리를 찾아 '이곳은 이런 교회가 있던 자리입니다.'라고 알리는 조그만 푯돌을 하나씩 세울 수 있는 날이 왔으면 참 좋겠습니다.

마지막 이야기는 한반도에너지개발기구(KEDO)가 금호지구에서 경수로를 건설할 때인 1990년대에 있었던 일입니다. 당시 한국, 미국, 일본은 영변원자력발전소의 활동을 멈추도록 유도하기 위해 신포에 2기의 경수로를 건설하는 작업을 하였습니다. 전체 면적 893만 7,000km^2, (270만 평)인 경수로 건설 부지에는 직원과 근로자의 숙소와 생활 편의시설이 들어선 65만km^2(20만 평)의 구역이 포함되어 있었고 그 안에 교회와 성당, 사찰이 자리잡고 있었습니다. 사람들은 이 교회를 '신포교회'라고 불렀습니다.

신포교회는 1997년 7월 근로자 숙소에서 드린 첫 예배를 출발로 해서, 이듬해에 컨테이너를 구입해 정기적으로 예배를 드렸습니다. 그리고 2002년 4월에는 십자가를 높이 단 예배당을 건축한 후 입당했고, 한때는 주일에 수백 명이 모여 예배를 드리기도 했습니다. 북핵 문제가 순조롭게 풀리지 않자 경수로 건설사업도 삐걱거렸고, 결국 2006년 1월 7일에 모든 인원이 철수하여 신포교회도 문을 닫게 되었습니다. 남측 인원들만의 예배였고 정식 조직도 갖추지 않은 교회였으나, 분단 현실에서 저 북녘 함경남도 땅에서 말씀이 선포되고, 찬송이 울려 퍼지고, 간절한 기도가 드려진 일이 있었다는 사실은 기억되어야 할 것입니다. 한편 이곳 불당의 불전함(佛錢函)에서 돈이 없어지는 일이 자주 생겼는데 범인을 잡고 보니 인민군 경비병의 소행이었다는 일화가 전해지고 있습니다.

전쟁은 울려 보내고 평화를 맞아들이자

시작 부분에서 소개한 지명 가운데는 전쟁과 관계가 깊은 곳이 몇 있습니다. 먼저 부전군입니다. 함경남도에는 부전령, 부전고원, 부전강, 부전호 등 '부전'(赴戰)이라는 이름을 가진 곳이 여럿 있습니다. 한자가 말해주듯 부전은 '전쟁에 나간다'는 뜻인데, 고려와 조선시대에 군사들이 자주 싸우러 나온 곳이기 때문에 이런 이름을 갖게 되었다고 합니다. 함경남도는 오랫동안 이방 부족들의 통치와 침입이 행해지던 곳으로, 싸움이 잦은 곳이어서 이런 이름이 생긴 것 같습니다.

장진군은 한국전쟁 당시 격전의 하나로 꼽히는 장진호 전투가 벌어진 현장입니다. 장진호 전투로 중공군의 남하가 지연되어 흥남 철수가 성공을 거둘 수 있었는데, 문재인 대통령은 2017년 6월에 미국을 방문하면서 첫 일정으로 장진호 전투 기념비를 찾아 헌화하고 자신의 부모가 흥남 철수 당시 남으로 피난을 왔다는 사실을 언급하면서 한미의 혈맹관계를 다시 한번 강조했습니다. 철수 작전이 행해진 흥남(興南)은 함흥의 남쪽에 있다는 뜻을 가진 이름인데 1949년 시(市)가 되었고, 함흥의 여러 구역에 분할 흡수되었다가 다시 시가 되었습니다. 2005년 11월에 함흥시의 구역으로 환원되어 오늘에 이르고 있습니다.

한편 락원군은 그 이름이 가진 뜻과는 어울리지 않게 북의 잠수함 기지 가운데 하나가 있는 곳입니다. 1996년에 9월에 강릉에 침투했던 잠수함도 이곳에서 출발했습니다.

전쟁과 관련된 이런 일들을 적는 동안에 〈종소리 크게 울려라〉(찬송가 554장)를 부르고 있는 저 자신을 발견하게 됩니다.

그 흉한 질병 고통과 또 한이 없는 탐욕과
전쟁은 울려 보내고 평화를 맞아들이자(3절)

12.

강원도

: 금강산에서 이 찬양을!

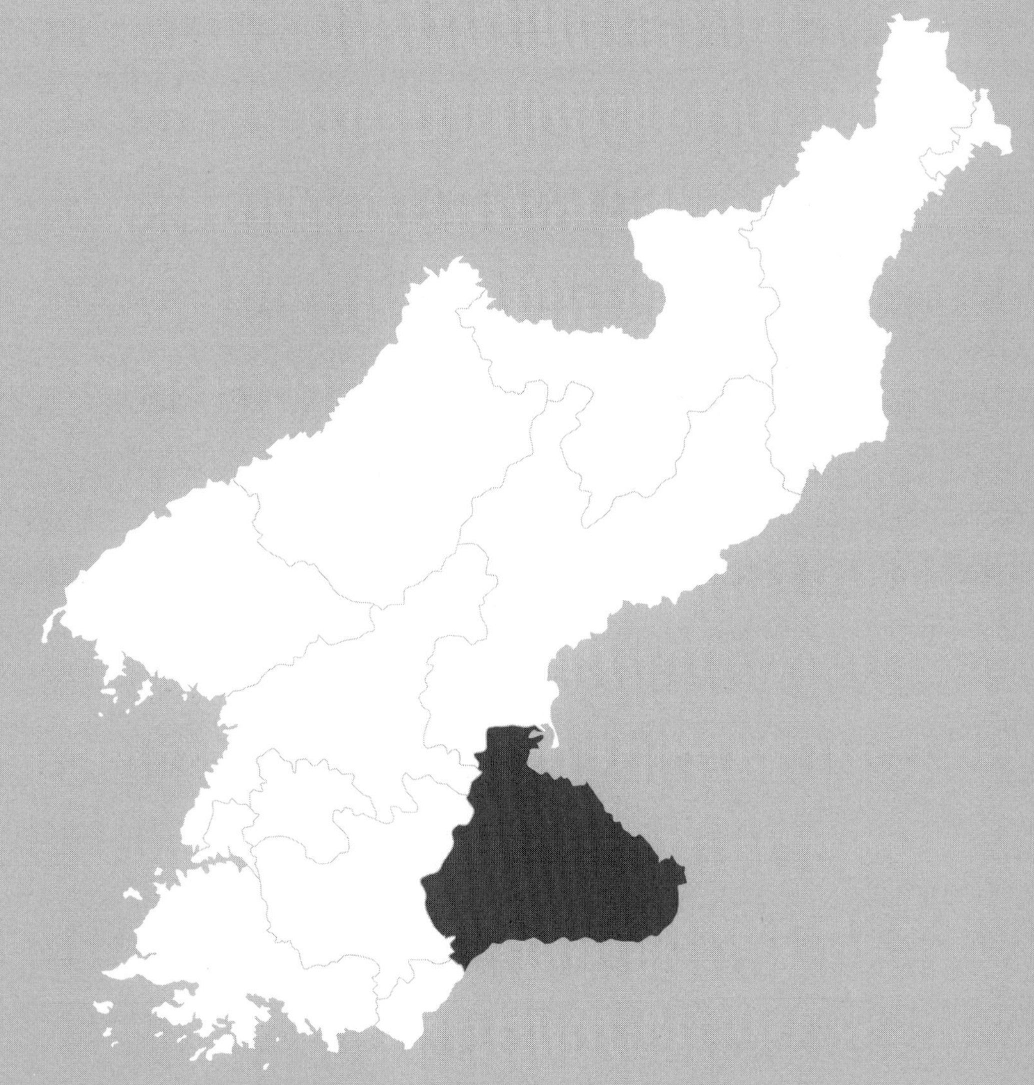

'분단도'와 '분단군'

독자 가운데는 북녘의 도별 교회 이야기를 하는 이 책에 강원도가 등장하는 것을 보고, '강원도는 남한에 있는데 웬일이야?' 하시는 분들도 없지 않을 것입니다. 강원도는 북녘에도 있습니다. 1953년 7월 정전협정을 맺을 때 당시 남과 북이 차지하고 있던 땅을 기준으로 군사분계선을 설정했는데, 이때 강원도의 북부 지역은 북이 차지하고 있었습니다. 38선을 경계로 하고 있을 때는 더 넓은 지역이 북의 영토였는데 한국전쟁 때 속초를 비롯하여 여러 지역이 '수복'되었습니다.

북은 1946년 9월에 북에 속한 기존의 강원도에 함경남도의 남부 지역인 원산시, 안변군, 문천군을 편입시키고, 원산을 도소재지로 정했습니다. 그 전까지는 철원군이 강원도의 중심지였습니다. 이렇게 남에도 강원도가 있고, 북에도 강원도가 있게 되어서 '북강원도'와 '남강원도'라는 말이 생겼는데 이 말은 지금도 쓰이고 있습니다. 이같이 도가 나뉘었기 때문에 '강원도는 분단도'라는 말도 생겼습니다.

현재의 강원도는 2시, 1지구, 15개 군으로 구성되어 있습니다. 2시는 원산과 문천이고, 1지구는 금강산국제관광특별구이며, 15군은 고산(高山), 고성(高城), 금강(金剛), 김화(金化), 법동(法洞), 세포(洗浦), 안변(安邊), 이천(伊川), 창도(昌道), 천내(川內), 철원(鐵原), 통천(通川), 판교(板橋), 평강(平康), 회양(淮陽)입니다.

강원도의 군들은 두 가지 특징을 가지고 있습니다. 하나는 반 이상이 1952년 '군면리 대폐합' 때 새로 분립된 '신설군'이라는 것입니다. 또 다른 특징은 남에도 있고 북에도 있다는 것인데, 철원군과 고성군이 그러합니다. 앞에서 강원도를 '분단도'라고 부르기도 한다는 말씀을 드렸는데 이 둘은 '분단군'이라고 부를 수 있을 것입니다. 철원군에는 '분단

리(里)'도 있습니다.

현재의 강원도 지역은 고려시대에는 삭방도(朔方道)였습니다. 그 뒤 복잡한 변천을 거쳐 조선 태조 때인 1396년에 강릉에서 '강'을 따고, 원주에서 '원'을 따서 '강원도'라는 이름이 탄생했습니다. 그 뒤에 잠깐씩 원양도(原襄道), 강양도(江襄道), 원춘도(原春道), 강춘도(江春道)라고 이름이 바뀌었다가 다시 강원도가 되는 일을 겪었습니다.

여담입니다만, 강릉과 원주 모두 현재 남한 땅이니만큼 북은 북강원도의 중심지인 원산과 문천을 따서 '원문도'(原文道)라고 부르면 같은 도명(道名)이 남과 북에 있어서 가끔 일어나는 중복과 혼선을 피할 수 있지 않을까 하는 생각이 들기도 합니다.

성신 강림의 땅 원산

강원도의 교회에 대해서 이야기할 때 제일 먼저 언급할 곳은 원산입니다. 원산은 부산에 이어 한반도에서 두 번째로 개항된 곳입니다. 그러니까 북녘에서는 제일 먼저 개항장이 된 곳으로, 외래 문물이 빨리 들어왔고 왕성한 모습을 보인 곳입니다. 이곳은 기독교의 전래도 활발하여 '관북 제일의 기독교 도시'로 꼽히던 곳이기도 합니다.

1891년 5월, 북장로회 선교사인 게일(J. S. Gale, 奇一)과 모펫(S. A. Moffett, 馬布三悅)이 선교의 가능성을 알아보기 위해 원산을 방문했습니다. 평양보다 좀 늦기는 했지만 선교 초기에, 당시 교통이 아주 불편한 지역인 원산에 대해 탐방이 이루어졌다는 사실만으로도 원산이 그만큼 주목받는 도시였다는 점을 알 수 있습니다. 게일 선교사는 그 이듬해인 1892년 7월부터 원산에 정주하면서 선교하기 시작했는데, 2년 뒤인

1894년에는 스왈른(W. L. Swallen, 蘇安論) 선교사까지 와서 힘을 합했습니다.

게일은 봉수동(烽燧洞)에 거처를 마련하고 예배를 드리기 시작했습니다. 사람들은 그의 집을 '예수집'이라고 불렀습니다. 이 예배 모임을 기초로 해서 1893년에 광석동교회(廣石洞敎會)가 설립되었습니다. 이 교회는 '너리골예배당', '창전교회', '창앞예배당' 등 여러 이름으로 불리다가 1917년경 광석동에 새 예배당을 지으면서 광석동교회라는 이름을 갖게 되었습니다. '관북의 어머니 교회'라는 이름을 가진 이 교회는 유명한 인물을 많이 배출한 것으로도 잘 알려져 있습니다.

최근에 신학대학원 졸업을 앞둔 한 탈북민과 대화하다가 우연히 원산 광석동교회 이야기가 나왔습니다. 그 탈북민은 제 말을 듣더니 "제가 청소년 시절을 원산에서 보냈는데, 말씀을 듣고 보니 그때 자주 가던 극장의 위치나 건물 모습으로 보아 광석동교회였던 것 같습니다."라고 했습니다. 그 탈북민은 얼마 뒤 전화로 "원산 출신 전도사님과 이야기를 나눴는데 거의 확실하답니다."라고 했습니다. 사실 북녘의 교회들은 한국전쟁 때의 폭격과 전후 재건 과정에서 거의 파괴되었습니다. 원산은 폭격이 심했고, 따라서 전후의 재건도 큰 규모로 행해진 곳이라는 사실이 머리에 맴돌고 있습니다만, 광석동교회 건물이 남아 있다는 말이 사실이면 참 좋겠다는 생각이 떠나지 않습니다.

1898년에 원산은 캐나다장로회의 선교구역이 되어 북장로회 선교사인 게일과 스왈른은 원산을 떠나게 되었습니다. 그리고 푸트(W. R. Foote, 富斗一)를 비롯한 캐나다장로회 선교사들이 이곳에서 일하기 시작했습니다.

오리 전택부(吾里 全澤鳧) 선생의 『토박이 신앙산맥』(대한기독교서회, 1977)에는 장로교의 원산 선교 이야기가 재미있고 자세하게 실려 있습니다. 전택부 선생은 원산 바로 위의 지역인 문천 출신으로, '토박이사관'이라는 독특한 사관을 바탕으로 한국교회의 역사를 들려주기에 힘쓰신 분입니다. 그는 『토박이 신앙산맥』에서 원산을 '성신 강림의 땅'이라고 불렀습니다.

『토박이 신앙산맥』은 오랫동안 「기독교사상」에 "한국기독교회사 만필(漫筆)"이라는 이름으로 연재된 글입니다. 제가 신학생 시절에 「기독교사상」이 나오면 오리 선생의 글부터 찾아 읽던 일이 새롭게 떠오릅니다. 이글은 또한 1970년대 후반에 「교회연합신문」(현 「기독교신문」)에 연재되기도 하였습니다.

감리교도 장로교와 비슷한 때에 원산에서 전도활동을 시작했습니다. 미감리회의 의료선교사인 맥길(W. B. McGill)이 원산에 정주하면서 선교활동을 했는데, 1896년에 219명의 교인이 있었다는 기록이 있습니다. 맥길 선교사는 외국인들을 상대로 진료활동을 하여 생긴 수입으로 예배 처소를 마련하였습니다. 1902년에 원산이 남감리회 선교구역이 되자 맥길 선교사는 원산을 떠났고, 하디(R. A. Hardie, 河鯉泳) 선교사가 그 바통을 이어받습니다. 하디 선교사는 1903년 원산 부흥의 계기를 마련한 인물로 유명합니다.

한편 원산에는 루씨여학교를 비롯하여, 구세병원, 보혜여자관 등 기독교 기관이 많았고, YMCA가 활발하게 활동했습니다.

원산 이야기를 할 때 빼놓을 수 없는 것이 펜윅(M. C. Fenwick, 片爲益) 선교사입니다. 펜윅 선교사는 1889년에 독립선교사로 내한하여 소래에서 선교활동을 하였습니다. 그런 다음 1893년에 캐나다로 돌아가서 침례교와 관련을 맺고 1896년에 한국에 다시 와서 원산을 본부로 정하고 일했습니다. 펜윅은 가장 토착적인 선교를 한 선교사로 알려져 있습니다. 그는 성서 번역에 참여했다가 '침례'라는 용어의 사용 문제로 독자적으로 성서를 번역하여 1919년에 출판했는데 이 성서를 보통 '원산역'이라고 부릅니다. '원산역'의 판권에는 발행소가 '원산부 영정(榮町) 144번지 동아기독대'라고 기록돼 있습니다. 동아기독대는 침례교의 옛 이름 가운데 하나입니다.

펜윅은 "무덤도 높으면 교만하게 보이니, 내가 죽거든 봉분을 하지 말고 평장으로 하라."라는 유언을 남기고 세상을 떠나 원산에 묻혔습니다. 펜윅의 무덤은 통일이 되면 찾아보고 싶은 곳 가운데 하나입니다.

앞에서 이용도 목사에 대해 잠깐 이야기했는데, 이용도 목사가 깊이 관여한 예수교회의 중심지가 원산이었습니다. 이용도 목사도 원산에서 세상을 떠났는데 그의 무덤도 찾고 싶은 곳의 목록에 있습니다.

꽤 오래전부터 '북의 조그련이 평양에 이어 다른 지역에 교회를 세운다면 아마도 원산이 될 것이다.'라는 말이 여러 채널을 통해 전해졌습니다. 이어지는 소식이 없어서 궁금했는데, 북의 외교관이었다가 망명한 태영호(太永浩) 씨가 2017년 12월 18일 한 일간지의 초청으로 가졌던 강연의 내용을 통해, '아, 그렇구나!' 할 수 있었습니다. 북의 교회에 대한 정보들은 전하는 이의 성향이나 처지, 전후 맥락에 비추어 정밀한 검증을 한 뒤에 받아들일 필요가 있는데, 태영호 전 공사의 강연은 많은 공감을 불러일으켰습니다. 그는 강연 중에 "북한 당국은 원산, 강계 등 지방 도시에 종교시설을 짓는 것도 검토했지만 지방에 교회나 성당을 지었다가 공산정권의 오랜 탄압에도 불구하고 남아 있던 신자들이 '당에서 그렇게 없애놓고 이제 와서 교회를 짓다니, 하나님의 뜻이구나.'라고 생각하며 신앙을 굳힐까 걱정해 더 이상 짓지 않았다."라고 하였습니다.

또 하나의 피어린 육백 리

강원도의 교회 역사는 두 가지 특징을 가지고 있습니다. 하나는 감리교회의 숫자가 장로교회보다 많았다는 점입니다. 정확하지 않지만 1938년을 기준으로 할 때 현재의 강원도 지역에는 77개의 교회가 있었고, 그 가운데 장로교회는 3분의 1에 못 미치는 24개로 알려져 있습니다. 선교구역 분할협정 때 북장로회나 남장로회는 강원도 선교를 담당하지 않았기 때문에 이렇게 되었습니다. 분단 이전 장로교회에는 30개가 넘는 노회가 있었는데 '강원노회'는 아예 없었습니다. 앞에서 말한 24개의 장로교회는 당시 장·감의 공동 선교구역이던 원산과 그 주변인 안변, 그리고 함경남도에 속해 있다가 강원도에 편입된 몇 지역에 있던 교회들을 합한 숫자입니다.

또 하나는 한국전쟁 당시 교회지도자들의 희생이 많았다는 점입니다. '철의 삼각지'라 불리는 철원, 김화, 평강을 비롯하여 여러 곳의 격전지가 있으며, 뺏고 뺏기는 이른바 '톱질전투'들이 벌어진 지역이기 때문입니다.

지금도 많은 사람이 기억하고 있는 "피어린 육백 리"라는 글이 있습니다. 1962년 여름에 노산 이은상(鷺山 李殷相) 선생이 휴전선의 서쪽 끝에서 동쪽 끝까지를 돌아보고 「조선일보」에 연재했던 글인데, 1970년대 초반에 그 글의 끝부분이 고등학교 국어교과서에 실리기도 하였습니다. 노산 선생은 휴전선 일대에서 장병들이 피를 많이 흘렸다는 뜻으로 그 글의 제목을 "피어린 육백 리"라고 했는데, 교회의 입장에서 보면 희생의 피가 많이 흐른 곳이어서 '또 하나의 피어린 육백 리'라고 할 수 있는 곳입니다. 앞에서 말한 것과 같이 강원도는 감리교 선교구역이어서 희생자의 대부분은 감리교 교역자들이었습니다.

분단 이전 감리교회에는 중부연회와 동부연회, 서부연회가 있었습니다. 그리고 강원도에 있었던 교회들은 대부분 동부연회에 속해 있었습니다. 동부연회에서는 2014년에 여섯 명의 순교자 이야기가 실려 있는 『동부연회 순교자 열전』을 펴냈습니다. 시베리아에서 순교한 한 분, 신사참배 반대로 순교한 세 분, 그리고 한국전쟁 중에 순교한 두 분, 이렇게 여섯 분의 이야기입니다. 한국전쟁 중에 순교한 분은 김화에서 목회한 한사연(韓士然) 목사와 철원에서 목회한 서기훈(徐琪勳) 목사입니다. 강원도는 이 두 분 외에도 알려지거나 알려지지 않은 교역자와 평신도의 피가 어려 있는 지역이라는 사실 앞에 옷깃을 여밀 필요가 있습니다.

노산 선생이 "피어린 육백 리"를 쓸 당시 휴전선 일대는 가기 어려운 곳이어서 노산 선생은 군의 안내를 받아가며 답사를 진행했습니다. 오늘날에는 그 일대에 전망대들이 여럿 세워져서 북의 강원도를 바라보며 희생당한 분들을 위해 머리를 숙이는 일이 어렵지 않은 상황입니다. 철원의 평화전망대를 비롯해서 휴전선의 정중앙에 있는 승리전망대, 칠성전망대, 양구의 을지전망대, 고성의 통일전망대 등이 남녘의 강원도에 있는 전망대들입니다.

금강산기독교수양관 이야기

강원도는 하나님의 피조물 가운데 걸작으로 꼽히는 천하명승이면서 동시에 분단현실과 깊은 관계가 있는 금강산을 품고 있는 곳입니다. 강원도가 고향인 정주영 회장의 수고로 1998년 11월 18일에 관광선 금강호가 북녘의 장전항에 입항했습니다. 이렇게 출발한 금강산 관광은 분단의 숨구멍 역할을 하며 확대되었는데 2008년 7월 11일에 관광객 한 명이 피살되는 사건이 일어나서 그만 중단되고 말았습니다.

북은 2011년 4월 29일에 "강원도 금강산지구에 조선민주주의인민공화국 금강산국제관광지구를 내온다."라는 내용이 들어 있는 최고인민회의 상임위원회 정령 1618호를 발표했습니다. 발길이 끊긴 남측 관광객 대신 국제관광객을 끌어들이기 위한 조치인 것 같습니다. 이 정령의 3항은 "금강산국제관광특구에는 조선민주주의인민공화국 주권이 행사된다."라고 명시하고 있습니다. 북은 2002년 10월 23일에 정령 제3373호로 금강산관광지구를 설치했는데 이 정령은 이날로 효력이 없어졌고, 이와 같은 조치들은 5월 31일에 발표된 정령 제3413호에 의해 재확인되었습니다. 그런 가운데에서 2007년 12월에 준공된 금강산이산가족면회소가 가냘픈 명맥을 유지하면서 분단의 바늘구멍 역할을 하고 있습니다.

금강산과 관련해서 꼭 언급하고 싶은 것이 금강산기독교수양관 이야기입니다. 1924년에 열린 장로교 제13회 총회에서 함남노회가 교역자수양소를 금강산에 설치하자는 헌의를 합니다. 이듬해에 열린 제14회 총회에서는 그 기지(基地) 문제를 총독부와 교섭할 위원들을 선출했고, 제15회 총회에서는 10년 기한으로 대부받은 온정리의 국유임야 8,000여 평의 대지 위에 수양관을 짓기로 가결했습니다.

이 수양관 건립에 앞장선 이가 장로교 최초 7인 목사 가운데 한 분인 한석진(韓錫珍) 목사입니다. 한 목사는 총독부와의 교섭위원 중 한 명이었고 건축위원회가 조직될 때 대표를 맡았습니다. 그는 그 무렵에 신의주제일교회를 담임하고 있었는데 수양관 건립을 위해 교회를 사임하고, 한 손에 성서, 한 손에 환등기를 들고 전국을 누비며 수양관 건립의 필요성을 역설하였습니다. 한석진 목사는 금강산을 하늘에 감춰진 특별한 구역[天藏別區]이라고 불렀습니다. 이 말은 한 목사가 쓴 '수양관 건축 약사'에 들어 있는 말인데 이 약사는 숭실대 기독교박물관에 소장되어 있습니다. 이 수양관은 이 같은 과정을 거쳐 완공되어 1931년 장로교 제20회 총회가 이곳에서 열렸습니다.

한 목사는 이 수양관의 이름을 '장로교수양관'이라고 하지 않고, '기독교수양관'으로 하자고 주장했습니다. 이 수양관이 교파를 가리지 않고 사용되기를 바라는 마음에서였습니다. 한 목사의 주장이 받아들여져 이 수양관은 '금강산기독교수양관'이라는 이름을 갖게 되었고, 감리교의 제7회 종교교육대회를 비롯한 중요한 집회들이 초교파적으로 열리기도 하였습니다.

이곳에서는 1935년 5월 1일부터 5일까지 장로교 수양회가 열렸습니다. 이 모임에서 주기철 목사는 "예언자의 권위"(마 3:1-13)라는 제목의 설교를 통해 일사각오를 하고서 말을 해야 목사의 권위, 예언자의 권위가 서는 법인데 그렇게 하지 못하는 것을 강하게 꾸짖다가 임석(臨席) 순사에 의해 설교가 중단되고 주 목사님은 끌려 내려가는 일을 겪었습니다.

금강산기독교수양관은 1941년에 철거되고 말았습니다. 언급했듯이 국유임야를 10년 기한으로 대부받아 건축했는데 일제는 기한 연장과 불하를 거부하였고, 건물을 조선총독부에 기증하든지 철거하라고 압력을 넣었습니다. 대부 기간 연장을 위해 노력했으나 이것이 받아들여지지 않은 일은 1940년에 열린 장로교 제29회 총회의 총회록에 소상하게 기록되어 있고, 이듬해 9월에 열린 제30회 총회의 총회록에는 "본 수양관은 사정에 의하여 금년 6월 말일 한하여 철훼(撤毁)하였사옵고 그 재료 전부는 대금 7천 7백 원에 매도하였나이다."라는 보고가 기록되어 있습니다. 신사참배를 가결한 제27회 총회 이후 교회가 무력해진 것이 이렇게 된 큰 원인으로 꼽히고 있습니다.

금강산기독교수양관이 있던 자리에는 현재 북이 교예단 숙소로 사용하는 건물이 서 있습니다. 2008년에 한 통일선교 운동가가 금강산을 방문하여 여러 곳을 촬영하였는데, 금강산기독교수양관 뒤의 봉우리 모습과 교예단이 사용하는 건물 뒤의 지형이 일치한다는 사실을 발견함으로써 이 사실이 확인되었습니다.

남북 교류, 특히 금강산 관광이 활발하게 진행되고 있을 때 교계 일각에서는 금강산기독교수양관의 아름다운 전통을 이어받아 금강산 지구의 다른 곳에 수양관을 짓자는 움직임이 있었습니다. 금강산의 사찰 가운데 하나였던 신계사(新戒寺, 新溪寺로도 표기)가 남과 북의 협력에 의해 복원된 것이 영향을 미치기도 했습니다. 수양관 건축 계획에는 수양관 부지 안에 금강산기독교수양관을 옛 모습대로 복원하여 박물관과 전시관으로 활용한다는 내용도 들어 있었습니다. 남북 관계의 경색으로 이 논의는 중단된 상태이지만, 관계자들은 아직도 그 꿈을 버리지 않고 있습니다.

금강산기독교수양관에서는 김익두(金益斗) 목사를 비롯한 당대의 유명한 부흥사들의 부흥회도 열렸습니다. 이곳에서 집회가 열릴 때는 금강산 전체가 기독교 세상이 된 듯한 느낌을 주었다고 합니다. 집회에 모인 분들은 틀림없이 “오너라, 우리가 주님께 즐거이 노래하자. 우리를 구원하시는 반석을 보고, 소리 높여 외치자. 찬송을 부르며 그의 앞으로 나아가서, 노래 가락에 맞추어, 그분께 즐겁게 소리 높여 외치자. 주님은 크신 하나님이시요, 모든 신들 위에 뛰어나신 왕이시다. 땅의 깊은 곳도 그 손 안에 있고, 산의 높은 꼭대기도 그의 것이다. 바다도 그의 것이며, 그가 지으신 것이다. 마른 땅도 그가 손으로 빚으신 것이다. 오너라, 우리가 엎드려 경배하자. 우리를 지으신 주님 앞에 무릎을 꿇자.

그는 우리의 하나님이시요, 우리는 그가 기르시는 백성이며, 그가 손수 이끄시는 양 떼다. 오늘, 너희는 그의 음성을 들어 보아라."(시 95:1-7)라는 말씀을 묵상하고, 이 찬송을 불렀을 것입니다.

참 아름다워라 주님의 세계는
저 솔로몬의 옷보다 더 고운 백합화
주 찬송하는 듯 저 맑은 새소리
내 아버지의 지으신 그 솜씨 깊도다

참 아름다워라 주님의 세계는
저 아침해와 저녁놀 밤하늘 빛난 별
망망한 바다와 늘 푸른 봉우리
다 주 하나님 영광을 잘 드러내도다

참 아름다워라 주님의 세계는
저 산에 부는 바람과 잔잔한 시냇물
그 소리 가운데 주음성 들리니
주 하나님의 큰뜻을 다 알듯하도다

금강산 관광이 실시되고 있을 때 금강산을 찾은 그리스도인들 가운데 자신도 모르게 〈주 하나님 지으신 모든 세계〉(79장)를 부르는 분들이 많았다고 합니다.

주 하나님 지으신 모든 세계 내 마음 속에 그리어 볼 때
하늘의 별 울려 퍼지는 뇌성 주님의 권능 우주에 찼네

주님의 높고 위대하심을 내 영혼이 찬양하네
주님의 높고 위대하심을 내 영혼이 찬양하네

강원도의 금강산 골짜기에 그 찬양들이 다시 울려 퍼지는 날을 간절히 그려봅니다.

부록

2002-18년 「로동신문」의 종교 관련 기사 목록

일러두기

• 이 부록은 북녘을 대표하는 매체인 조선로동당 기관지 「로동신문」 2002년부터 2018년까지의 종교 관련 기사를 검색한 것이다. 「로동신문」에는 순수한 의미의 종교기사가 실린다고 보기 어려우므로 '종교기사'라고 하지 못하고 '종교 관련 기사'라고 하였다.

이런 제약이 있기는 하지만 「로동신문」의 종교 관련 기사는 북한의 종교문제를 연구하는 데 일차자료로서 가치가 있다.

• 1970년에서 2001년까지 32년분은 김흥수·류대영 공저 『북한종교의 새로운 이해』(다산글방, 2002)에 부록으로 수록되어 있다.

• 처음에는 독자들이 「로동신문」을 직접 읽는 것 같은 효과를 얻도록, 「로동신문」 원문을 가급적 그대로 많이 옮기려고 했으나 분량 문제와 현행법 저촉 문제를 고려하여 대폭 축약하고, 원문을 남한식의 표기로 고쳤다. 단 원문을 인용할 경우는 따옴표로 묶고 원문표기를 옮겼다. 또 고유명사나 북한의 독특한 단어는 본문에서도 원문의 것을 그대로 옮겼다. 예를 들면 러시아는 '로씨야', 가톨릭은 '카톨릭'으로 했다.

북한의 독특한 부호(예: 겹괄호)는 그대로 사용하였다. 북한은 통치자의 이름 앞에 반드시 최상급의 경칭을 붙이는데(예: 경애하는 수령 등) 인용문의 경우를 제외하고는 이를 모두 삭제했다.

• 필요한 분들은 해당 날짜의 「로동신문」 원본을 직접 읽을 것을 권한다. 그런 분들에게 도움을 주기 위해 각 기사가 실려 있는 면수를 밝혔다. 「로동신문」을 읽는데 필자는 반포동 국립중앙도서관 5층에 있는 북한자료센터(통일부 소속)를 이용하고 있다.

• 「기독교사상」 2018년 9월호에, 이 부록에 실린 기사들을 정리한 "「로동신문」의 종교 관련 기사(2002-17) 분석"이라는 제목의 필자의 글이 있으니 함께 읽으면 도움이 될 것이다.

• 필자의 부연설명은 괄호 안에 넣었다.

2002년

1월 1일(5면) 남조선의 한 종교인이 "참된 민중의 복지사회는 김정일 장군님께서 빛내이시는 이북에서 꽃 피어나고 있다."고 말했다.

1월 2일(5면) (조국평화통일위원회 부위원장 오익제의 "위대한 김정일 장군님께 삼가 드립니다"라는 제목의 편지를 게재하였다. 오익제는 남한 천도교 24대 교령을 지냈으며 1997년에 월북하여, 북에서 조국평화통일위원회 부위원장과 조선천도교회 중앙지도위원회 고문을 지내고 2012년 사망하였다.)

1월 25일(5면) 천도교 청우당 중앙위원회 류미영 위원장이 "3대 호소, 3대 제의는 조국 통일을 위한 획기적 대책"이라는 담화를 발표했다. (류미영은 남한 최덕신 전 외무부 장관의 부인으로 1986년 월북하여, 최고인민회의 상임위원회 위원 등 요직을 지냈고 2016년 사망하였다.)

2월 9일(5면) 서울의 《연합뉴스》에 의하면 이북을 《악의 축》으로 규정하는 등 부쉬의 대조선정책을 규탄하는 움직임이 《기독교교회협의회》를 비롯하여 남조선의 종교계에 확대되고 있다고 한다.

2월 20일(5면) 남조선 시민단체들과 종교인들이 700인 평화선언문과 부쉬에게 보내는 항의 서한을 미국대사관에 전달했다.

2월 20일(5면) (서울의 《연합뉴스》가 21개 카톨릭교단체 신도들과 대학생 100여 명이 15일 《국방부》청사 앞에서 집회를 가지고 《미국의 전쟁확대를 반대하고 한반도평화를 촉구한다》라고 주장했다고 보도했다.)

2월 21일(5면) 민족의 양심으로 부쉬징벌에 떨쳐 나서자고 남한의 종교인들과 대학생들이 주장했다.

2월 22일(5면) 서울의 《연합뉴스》에 의하면 서울 《기독교청년회》는 부쉬가 조미간의 합의를 준수하고 관계를 개선할 것을 요구하였다.

3월 23일(5면) 통일불교연대, 불교인권위원회 등 남조선의 불교단체들이 13일 《미국과 일본은 한반도전쟁정책을 중지하라》라는 성명을 발표하였다.

4월 2일(5면) 천도교청우당 중앙위원회 대변인이 3월 31일 성명을 발표하였다. "최근 남조선의 《한나라당》이 반통일선언인 《대북기본로선》이라는 것을 꾸며낸 것을 규탄한다."

4월 21일(2면)과 22일(2면) (강반석 탄생 110돌 특집이다. 「로동신문」은 매년 김일성 일가의 탄생일과 사망일에는 빠짐없이 그들의 생애와 관련행사들을 특집으로 소개하고 있으나 이 부록에서는 소개하지 않았다. 김일성의 아버지 김형직과 어머니 강반석은 기독교인이었으나 이와 관련된 내용은 일체 언급하지 않았기 때문이다.)

4월 11일(6면) 최근 미국의 《국제종교자유위원회》가 종교에 관한 《년례보고서》라는데서 또다시 우리나라를 《종교탄압국》이라고 터무니없이 걸고 든 것은 우리에 대한 내정간섭이며 논의할 일고의 가치도 없다.

6월 2일(5면) 6·15민족통일대축전 남북공동선언실천연대추진본부 결성식에서 강희남 목사가 선언문을 낭독하였다.

6월 5일(1면) 김정일이 함남 고원군 락천리에 있으며 753년에 건설된 오랜 역사문화유적인 량천사를 돌아보고 관리원들이 역사유적의 보존관리를 잘하고 있는데 대하여 커다란 만족을 표시하면서 그들의 수고를 치하하였다. (6월 6일 자 3면에도 량천사를 소개하는 기사가 게재되어 있다.)

7월 9일(5면) 인도네시아에서 진행된 아시아종교평화대회 제6차 총회에 참가하였던 장재언 회장을 단장으로 하는 조선종교인협회대표단이 7일 귀국하였다. 평양역에서 조선종교인협의회 부회장인 조선불교도련맹 중앙위원회 박태화 위원장 등 관계부분 일꾼들이 대표단을 마중하였다.

7월 17일(5면) 일본에 가는 조선그리스도교련맹 중앙위원회 강영섭 위원장을 단장으로 하는 조선그리스도교련맹 대표단이 16일 평양을 출발하였다. 비행장에서 조선그리스도교련맹 중앙위원회 김기형 부위원장이 대표단을 전송하였다.

7월 24일(5면) 감독 마티네스 죠엘을 단장으로 하는 미국련합감리교회 대표단이 23일 평양에 도착하였다.

7월 31일(5면) 미국련합감리교회대표단이 30일 귀국하였다.

8월 6일(5면) 일본에 갔던 조선그리스도교련맹대표단이 5일 귀국했다.

8월 12일(5면) 미군장갑차 희생 여중생들 사건의 올바른 해결을 위한 천주교대책위원회가 7일 학살사건의 정당한 처리를 요구하는 1,000인 선언을 발표하였다.

8월 18일(4면) (8·15민족통일대회에 참가하였던 북한 대표단 평양 도착 기사에서 비행장에 영접하러 나간 인사들의 이름을 나열하면서 천도교청우당 중앙위원회 류미영 위원장의 이름을 제일 앞에 놓았다. 당시 강능수 문화상, 조국통일민주주의전선 중앙위원회 강련학 의장, 조국평화통일위원회 안경호 서기장 등이 영접하러 나갔다.)

8월 27일(3면) (20일에 출발한 김정일의 러시아 방문 기사의 화보에 로씨야정교사원 참관 사진 세 컷이 들어 있다.)

9월 7일(5면) 남조선의 여성 불교인들이 불교여성통일회 결성과 관련하여 2일 기자회견을 가졌는데, 준비위원회 위원장 김정순은 북의 여성 불교인들과의 교통을 강화하며 전지역에 조직을 꾸려나갈 것이라고 지적하였다.

9월 8일(1면) (월북한 지 만 5년이 지난 오익제의 글 "장군님의 조국통일사상은 위대한 진리입니다."가 전체 지면의 3분의 1을 차지했다.)

10월 2일(5면) 로씨야정교회 신부 지오니씨 뽀즈드냐예브가 1일 평양에 도착하였다.

10월 3일(5면) 김병상 신부를 단장으로 하는 남조선 《천주교정의구현전국사제단》 대표단이 2일 평양에 도착하였다. 비행장에서 조선카톨릭교협회 중앙위원회 장재언 위원장, 관계부문 일꾼들이 대표단을 맞이하였다. (이들은 9일에 평양을 떠났다.-10월 10일 5면 보도)

10월 4일(4면) 온겨레의 관심과 이목이 집중되는 가운데 민족분렬사상 처음으로 되는 북과 남, 해외동포들의 개천절 기념 민족공동행사가 3일 단군릉에서 진행되였다.

10월 8일(5면) 로씨야정교회 신부 지오니씨 뽀즈드냐예브가 7일 평양을 떠났다.

10월 10일(5면) 《천주교정의구현전국사제단》 대표단이 9일 평양을 떠나갔다.

10월 11일(5면) 조선종교인협의회 대변인이 1일 《종교활동까지 걸고 드는 미국의 반공화국 압살책동을 규탄한다》는 제목의 성명을 발표했다. "미국 국무성이 《종교보고서》에서 북한이 《공식승인하지 않는 단체들의 종교활동을 탄압》하고 종교활동이 《가혹한 처벌》을 받고 있다고 한 것을 반박한다."

10월 13일(5면) 조선그리스도교련맹 중앙위원회 대변인과 조선카톨릭교협회 중앙위원회 대변인은 11일 성명을 발표했다. "최근 미국이 북조선의 종교문제를 걸고 든 것을 규탄한다."

10월 14일(5면) 조선불교도련맹 중앙위원회와 조선천도교회 중앙지도위원회 대변인들이 성명을 발표했다. "종교를 탄압하는 나라는 바로 미국이다."

10월 28일(6면) 로씨야신문 《우뜨로 로씨이》가 12일에 우리나라의 《종교문제》를 걸고 드는 자들을 비난하는 글을 실었다.

11월 7일(4면) 성황당은 5대혁명연극의 하나로, 만대에 길이 전할 기념비적 명작이다. (성황당은 북한의 대표적인 반종교 연극이다.)

11월 25일(5면) 남조선의 기독교장로회총회(총회장 전병금)가 19일 의정부역 광장에서 기도회를 갖고 민족의 자주권 회복을 요구했다. 기도회 후 미2사단 정문 앞까지 행진했다.

11월 29일(5면) 로씨야에 갔던 장재언 회장을 단장으로 하는 조선종교인협회 고찰단이 28일 귀국하였다. 비행장에서 조선종교인협회 부회장인 조선불교도련맹 중앙위원회 박태화 위원장과 북한 주재 로씨야련방대사관 참사 유리보츠까료브가 고찰단을 마중하였다.

12월 10일(5면) 5일 남조선의 불교단체들이 서울에서 《미군범죄근절과 쏘파(행정협정)개정을 위한 범불교대책위원회》를 결성하였다.

12월 11일(5면) 불교인권위원회 스님 진관이 미군의 장갑차에 깔려 무참히 학살된 두 여학생을 추모하여 3일 미국대사관 앞에서 시위투쟁을 하였다. 한편 2일부터 광화문 열린 시민마당에서 《살인미군 회개요구를 위한 생명 평화 단식기도회》를 가지고 철야단식농성에 들어간 신부들이 그의 투쟁에 련대를 표시하였다.

12월 13일(5면) 조선종교인협의회 대변인이 12일에 여학생 장갑차 사건에 항의하기 위해 백악관 앞에서 방미투쟁단(단장 한상렬 목사)와 함께 농성을 벌이던 재미교포 여성을 백주에 길바닥에 엎어놓고 쇠고랑을 채워 강제로 끌고간 사건에 대해 항의하고 남조선의 여러 종교단체들과 종교인들, 전체 인민들이 재미교포들이 투쟁에 지지성원해줄 것을 촉구하는 담화를 발표하였다.

12월 14일(5면) 3일 남조선기독교협의회 소속 신자 200여 명이 덕수궁 앞에서 긴급기도회를 가지고 부쉬의 공식사과를 받아내고 불평등한

《행정협정》의 전면 개정을 위해 싸울 것이라고 언명하였다. 문대골 목사와 오충일 목사가 앞장섰다.

12월 18일(5면) 《천주교정의구현전국사제단》이 여학생학살사건에 대한 무죄 평결에 항의하여 2일 미국대사관 부근에 있는 열린시민마당에서 철야단식농성에 들어갔다. 150여 명의 신부들이 참가했다.

12월 26일(6면) 말레이시아에서 진행된 세계불교도협회 제22차 총회 결의가 개별적 나라와 지역문제를 론하게 되어 있지 않는 기구규약을 초월하여 우리 인민의 통일위업에 지지를 표시하였다.

12월 29일(5면) 25일 서울 광화문 열린시민마당에서 종교인, 시민들의 참가하에 불평등한 남조선-미국《행정협정》개정 등을 요구하는 미사가 있었다.

2003년

1월 12일(5면) 8일 민주화실천가족운동협의회를 비롯한 시민사회종교단체 성원들이 량심수 석방, 수배해제,《보안법》철폐, 범민련과《한총련》에 대한《리적단체》규정철회,《보안관찰법》폐지를 위한 대책회의를 열고 앞으로의 활동방향을 확정하였다.

1월 12일(5면) ("거세찬 반미투쟁의 불길"이라는 제목의 기사가 실렸는데 기사 중에 종교인 관련 내용은 없으나 "자주권을 지키고 평화를 이룩하기 위해 시위에 나선 남조선의 종교인들"이라는 설명이 붙은 사진이 있다.)

1월 23일(5면) 18일 통일맞이 늦봄 문익환 목사 기념사업회 주최로 문익환 목사 별세 9돌 추모식이 그의 묘지에서 진행되었다.

3월 2일(4면) (김정일이 찾은 일이 있는 박천군 상양리의 심원사를 소개하면서 "우리 당의 올바른 문화유적 보존정책에 의하여 심원사는 앞으로도 우리 민족의 뛰어난 슬기와 재능을 보여주는 귀중한 문화유산으로 길이 전해질 것이다."라고 썼다.)

3월 2일(2면) 평화와 통일을 위한 3·1민족대회에 참가할 북한 대표단이 평양을 출발해 서울에 도착했다. 단장은 조선종교인협의회 장재언 회장이다.

3월 2일(5면) 2월 19일부터 21일까지 라오스 비엔티안에서 진행된 아시아불교도평화회의 제10차총회 전체회의에서 6·15 북남공동선언을 지지하며 미국의 대조선압살정책을 반대하는 결의가 채택되었다.(전체 기사가 고딕체이다.)

3월 4일(5면) 평화와 통일을 위한 3·1민족대회 북한 대표단이 3일 귀국하였다. 이들은 남조선에서 평화와 통일을 위한 3·1민족대회에 참가하고 "3·1 민족선언"을 발표했다.

3월 25일(5면) 천도교청우당 중앙위원회 류미영 위원장이 24일 천도교청우당과 천도교인들이 조선반도에서 전쟁을 막고 민족의 존엄과 자주권을 견결히 수호하며 6·15 북남공동선언의 기본정신인 《우리민족끼리》의 이념 밑에 민족공조를 실현하여 민족의 화합과 단합, 조국통일에 적극 이바지할 것이라고 선언하는 성명서를 발표했다.

4월 9일(5면) 연합뉴스에 따르면 천주교인권위원회와 반전평화기독교련대가 당국의 이라크전쟁 파병 결정을 반대하는 성명을 발표했다.

5월 25일(4면) [함경남도 금야군 동흥리에 있으며 리조시기(1393년)에 세워진 안불사를 소개했다.]

6월 24일(4면) 평양에 건립되는 정교사원착공식에 참가할 대외담당 제1부위원장 클리멘뜨 대주교를 단장으로 하는 로씨야정교회 대표단이 23일 평양에 도착하였다. 비행장에서 조선 정교위원회 허일진 위원장과 북조선 주재 로씨야연방대사 안드레이 까를로즈가 대표단을 맞이하였다.

6월 25일(3면) 정백사원건설착공식이 24일 평양에서 진행되였다. 북한의 조창덕 부총리와 평양시인민위원회 양만길 위원장, 조선종교인협의회 장재언 회장, 조선로동당 중앙위원회 지재룡 부부장, 외무성 궁석웅 부장, 조선로씨야친선협회 위원장인 대외문화련락위원회 홍선욱 부위원장, 조선정교위원회 허일진 위원장 등 관계부분 일꾼들, 여러 종교단체 성원들, 평양시민들이 참가하였다. 대외담당 제1부위원장 클리멘뜨 대주교를 단장으로 하는 로씨야정교회 대표단 성원들, 북한 주재 로씨야연방 대사 안드레이 까볼로브와 대사관 성원들, 여러 나라 외교대표들과 대사관 성원들이 여기에 참가하였다.

6월 25일(4면) 조선종교인협의회에서는 북한을 방문하고 있는 로씨야정교회대표단을 위하여 24일 저녁 만수대예술극장에서 연회를 마련하였다.

6월 25일(4면) 로씨야정교회대표단 단장이 주북 로씨야련방대사관에서 기자들과 회견을 하였다. 기자회견에서 클레멘뜨 대주교는 김정일 동지가 정백사원건설에 깊은 관심을 돌리고 있는데 대해 언급하고 이 사원 건설은 로씨야와 북조선 두 나라 관계발전에서 중요한 계기가 된다고 말하였다.

6월 26일(4면) 로씨야정교회대표단은 24일 만경대 방문, 만경봉의 혁명사적들, 주체사상탑을 참관하고, 25일 국제친선전람관, 묘향산의 역사유적들, 개선문, 조국통일3대헌장기념탑, 해방탑 등 여러 곳을 참관하였다.

6월 27일(4면) 로씨야정교회대표단이 26일 귀국했다.

6월 27일(5면) 로씨야정교회대표단 단장인 클리멘뜨 대주교가 25일 조선중앙통신사 기자와 회견하였다. 그는 체류기간 자기 영도자를 절대적으로 믿고 따르고 있는 조선인민의 모습에서 깊은 감명을 받았다고 말했다.

7월 11일(5면) 4일 통일불교련대, 불교인권위원회, 부산불교인권위원회, 부산통일불교련대가 7·4공동성명발표 31돌에 즈음하여 연명으로 외세를 몰아낼 것을 강조하는 성명을 발표하였다.

7월 16일(5면) 천도교청우당 중앙위원회 대변인 담화를 발표했다. "한나라당이 대북송금 특검법 소동을 벌리는 것을 규탄한다."

8월 7일(5면) ("조국통일을 위한 길에서 한 종교인의 생을 빛내여 주시여"라는 제목으로, 안창호 선생의 동생인 안신호가 김일성에게 감호를 받아 여맹 부위원장과 최고인민회의 대의원이 되어 그리스도교인들과 여성들을 새 조국건설에 떨쳐나서게 하는데 언제나 앞장 서고, 4월 남북연석회의 때 김구와의 사업을 잘했으며, 조국통일을 위한 국제적 연대성을 강화하기 위한 대외사업들도 적극적으로 했고 조국통일상을 받았다고 소개했다.)

8월 7일(6면) 미국의 카톨릭교 고위성직자들이 어린 처녀들을 상대로 성추행을 감행한 사건들이 꼬리를 물고 일어나고 있다.

8월 9일(5면) 천도교청우당 중앙위원회 대변인이 7일 담화를 발표했다. "지금 우리 천도교청우당의 전체 당원들과 동학도들은 남조선현대아산회장 정몽헌 선생의 급작스러운 사망에 애석함을 금치 못하고 있다. 한나라당 패거리들은 정몽헌 선생을 죽음에로 몰아간 범죄의 책임에서 절대로 벗어날 수 없다."

8월 17일(6면) 천도교청우당 중앙위원회 대변인이 16일 성명을 발표했다. "우리 천도교청우당의 전체 당원들과 천도교인들은 온 겨레와 함께 극우보수세력의 집요한 도전을 짓부시고 자주, 민주, 통일을 위한 남조선동포형제들의 정의와 투쟁에 언제나 전적인 지지와 련대성을 보낼 것이다."

9월 4일(3면) (최고인민회의 상임위원회 위원명단을 발표했다. 천도교의 류미영과 기독교의 강영섭이 들어 있다. 위원은 위원장 포함 12명이다.)

9월 10일(3면) 9일, 조선민주주의인민공화국 창건 55돌을 맞아 조국평화통일위원회 부위원장 오익제가 "위대한 김정일 장군님께 삼가드립니다."라는 편지를 발표했다.

9월 11일(1면) (김정일이 최고인민회의 대의원들과 기념촬영했는데 사진의 중요참석자 명단에 천도교청우당 중앙위원회 류미영 위원장과 대표적 반종교서적인 『우리는 왜 종교를 반대하여야 하는가』의 저자인 정하철이 같이 들어 있다.)

9월 17일(5면) 상임대표 송현섭을 단장으로 하는 남조선민간단체《우리민족 서로돕기운동》방문단이 16일 평양에 도착하였다. 비행장에서 민족화해협의회 허혁필 부회장 등 관계 부문 일꾼들이 동포애의 정으로 방문단을 맞이하였다.

9월 21일(5면) 남조선민간단체《우리민족 서로돕기운동》방문단이 20일 떠나갔다 이들은 체류기간 동안 평양지하철도, 조선중앙역사박물관, 조선미술박물관, 동명왕릉을 참관하고 백두산지구를 답사했으며 대동군농기계 수리공장 준공식에 참석했다.

9월 29일(1면) 김정일이 구월산과 장수산을 찾고 월정사와 현암(달암절)을 보고 유적들이 잘 보존되고 있는 것을 보고 만족해했다.

9월 29일(5면) 《천주교인권위원회》, 《천주교정의구현사제단》을 비롯한 21개 종교단체들이 이라크 추가파병을 반대하여 18일 공동성명을 발표하였다.

11월 11일(5면) 《민족 화해와 통일을 위한 종교인협의회》, 《이라크 파병반대 천주교 련대》 등의 공동주최로 《파병반대 평화기원 종교인대회》가 6일 서울 미국대사관 옆에서 진행되었다.

11월 27일(5면) 210명의 종교인들이 12일 이라크 추가파병을 반대하여 시국선언을 발표하였다.

12월 9일(5면) 보도에 의하면 불교인권위원회가 정부 당국의 이라크 추가 파병 결정 철회를 요구하여 1일 성명을 발표하였다.

12월 30일(화) 《반전평화기독교련대》를 비롯한 40여 개 종교단체가 25일 서울의 미국대사관 주변에서 200여 명의 종교인들이 참가한 가운데 평화염원연합기도회를 가졌다.

2004년

1월 14일(4면) 서울에서 진행되는 전《전국민족민주연운동련합》고문 문익환 목사 사망 10돌행사에 참가할 민족화해협의회 주진구 부회장을 단장으로 하는 북한측대표단이 13일 평양을 출발하였다.

1월 24일(5면) 천도교청우당 중앙위원회 류미영 위원장이 23일 성명을 발표했다. "공화국정부, 정당, 단체련석회의 호소문을 전폭적으로 지지 찬동한다."

1월 28일(5면) 조선종교인협의회 장재언 회장과 민족화해협의회 대변인이 27일 각각 담화를 발표했다. "공화국정부, 정당, 단체련석회의 호소를 지지한다."

2월 7일(5면) 보도에 의하면 평화와 통일을 여는 사람들(평통사) 상임대표들인 문규현, 홍근수가, 김수환 추기경이 지난 1월 29일 남조선의 《전체적 흐름이 반미, 친북쪽으로 가는 것은 대단히 걱정스럽다》는 발언을 한 것과 관련하여 3일 이를 규탄하는 성명을 발표하였다고 한다.

2월 11일(4면) 이란이슬람교혁명승리 25돌 기념집회 및 영화감상회가 10일 천리마문화회관에서 진행되었다. 집회장에는《이란이슬람교혁명승리 25돌을 열렬히 축하한다!》, 《조선인민과 이란인민 사이의 친선단결 만세!》라고 쓴 구호들이 집회장에 나붙어 있었다. 집회에는 북한 주재 이란이슬람공화국 잘랄렛진 나미니 미안지 대사와 대사관 직원들이 초대되었고 조선이란친선협회 위원장인 리원일 로동상, 대외문화연락위원회 김진범 부위원장 등 관계부문 일꾼들과 근로자들이 참가하였다. 〈관련기사〉 이란 대사는 11일에 연회를 마련하였고(2월 12일 보도), 19일에는 김정일 생일 축하연회를 대사관에서 마련했다.(20일 자 「로동신문」 보도)

3월 21일(5면) 남조선 《MBC》방송에 의하면 불교, 카톨릭교, 개신교를 비롯한 7개 종단 대표들로 구성된《종교지도자협의회》가 13일 서울에서 긴급모임을 가지고《탄핵》 사태와 관련한 대국민호소문을 발표하였다.

3월 24일(5면) 도이췰란드와 스위스에 갔던 강영섭 위원장을 단장으로 하는 조선그리스도교련맹 대표단이 23일 귀국하였다.

4월 1일(4면) 중국 룡정에서 진행되는 늦봄 문익환 목사 평양방문 15돌 기념 북남통일모임에 참석할 조국평화통일위원회 안경호 서기국장을 단장으로 하는 북한측 대표단이 3월 31일 평양을 출발하였다.

4월 13일(6면) 늦봄 문익환목사 평양방문 15돌 기념 북남통일모임이 4일부터 6일까지 중국 룡정에서 진행되였다. 북한측 대표단과 문익환 목사의 부인 박용길 녀사, 한신대학교 오영석 총장을 단장으로 하는 남측대표들이 참가하였다. 모임에서는 토론들이 있었고 공동 보도문이 발표되었다.

4월 12일(5면) 북남통일모임에 참석했던 대표단이 11일 귀국하였다.

4월 16일(2면) (조국평화통일위원회 부위원장 오익제가 신문 하단에 4월 15일에 "위대한 령도자 김정일 장군님께 삼가 올립니다"라는 글을 발표했다. 그 우측에는 비전향장기수 일동이 같은 제목으로 발표한 글이 실려 있다.)

5월 18일(5면) 천도교청우당 중앙위원회 대변인이 15일 담화를 발표했다. "미군이 이라크에서 감행한 천인공노할 인권 유린 행위를 규탄하며 남조선의 전체 천도교인이 미군의 남조선 강점 60년이 되는 2005년을 남조선에서 미군을 완전히 몰아내는 원년으로 만들기 위한 반미 성전에 힘차게 떨쳐나설 것을 열렬히 호소한다." 〈관련기사〉 같은 내용의 성명을, 14일에는 조국평화통일위원회 대변인이(15일 보도), 17일에는 조선사회민주당 중앙위원회가 발표했다.(19일 보도)

5월 25일(2면) 재미교포 손원태의 회상록 《김일성과 조선의 투쟁》(*Kim Il Sung and Korea's Struggle*, 영문판)이 최근 미국에서 출판되였다. 손원태는 북에서 어떻게 아직도 아버지 손정도 목사를 기억하고 있는가에 대한 수수께끼를 평양을 방문한 다음에야 풀 수 있었다고 하면서, 김일성이 회고록에 반일독립운동가로서 아버지의 애국정신과 공적들을 구체적으로 써서 역사에 남겨주었다고 썼다.(손원태는 손정도 목사의 차남이다.)

6월 3일(4면) 룡천역에서의 폭발사고와 관련하여 남측이 여러 차례에 걸쳐 의약품과 의료기구, 생활필수품 등 구제물자를 보내왔다. 한편 중국에 있는 남측의 여러 단체, 기업체, 개별인사들이 각종 구제물자들을 보내왔다. 6·15 공동선언 관철을 위한 2004년 북남노동자 5·1절 통일대회에 참가하기 위해 평양에 왔던 남조선의 노조단체대표단이 의약품, 의료기구 등 구제물자들을 북의 직총 중앙위원회에 넘겨주었다.('직총'은 '조선직업총동맹'을 줄인 말이다.)

6월 16일(5면) 조국평화통일위원회 부위원장 오익제, "절세의 위인을 모시고 있기에 우리 민족이 제일입니다"라는 글을 발표했다.

7월 10일(1면) 《대한불교청년회》와 《한국대학생불교련합》을 비롯한 종교단체들이 7월 30일 서울열린시민공원에서 파병철회를 요구하며 기자회견을 가졌다. 기자회견에서는 《반전평화기독교련대》 김성윤 목사 등이 발언하였다. 기자회견이 끝난 다음 행진을 하였다.

8월 7일(5면) 보도에 의하면 《반전평화불교대책위원회》, 《반전평화기독교련대》, 《천주교평화련대》를 비롯한 4개 종단이 2일 청와대 앞에서 이라크 파병철회를 위한 기자회견을 가졌다. 기자회견에서는 신부 문정현, 목사들인 문대골, 한상렬, 원불교 교무 정상덕 등이 발언하였다.

8월 25일(5면) 보도에 의하면 남조선의 불교, 카톨릭교, 그리스도교, 원불교 교인들이 13일 《통일, 평화선언》을 발표하였다. 선언은 온 겨레에게 희망의 빛을 안겨준 6·15공동선언이 발표된 때로부터 지금까지 남북관계에서는 상상할 수 없었던 기적같은 전진이 이룩되었다고 지적하였다.

8월 27일(5면) 이따르-따스통신의 보도에 의하면 12일부터 14일까지 로씨야에서 진행된 아시아불교도평화회의 집행이사회가 조선불교도들과 인민들의 자주적 평화통일위업을 지지하였다. 집행이사회 회의결과에 관한 결의는 아시아불교도평화회의가 남한에서 미군을 철수시키며 이 과정을 위협하는 모든 요소들을 완전히 제거할 것을 주장하였다고 강조하였다.

8월 29일(5면) 최근 남한에서 당국의 이라크파병철회를 요구하여 《이라크파병반대천주교련대》를 결성하고 투쟁을 벌려온 《천주교정의구현전국사제단》, 《천주교평화련대》, 《천주교정의구현전국연합》, 《평화를 여는 카톨릭청년회》, 《반전평화기독교련대》, 《이라크파병반대천주교련대》, 《반전평화불교련대》, 《원불교사회개벽교무단》 등 이라크 파병을 반대하는 종교인들이 투쟁이 적극화되어 사회의 주목을 끌고 있다.

9월 15일(5면) 보도에 의하면 《보안법페지를 위한 천주교련대》가 9일 명동성당주변에서 기자회견을 가졌다. 기자회견에서는 카톨릭농민회 회장 정재돈 등이 발언하였다.

9월 22일(6면) (김일성이 1991년 10월 중국을 방문중에 사찰을 방문한 일화를 소개했다. 김일성은 양주의 한 불교 절간을 돌아볼 때 《대웅전》이라는 현판이 걸려 있는 것을 보고, 어느 불교절간에 가보아도 《대웅전》이 있는데 《대웅전》이 무슨 뜻이냐고 물었고 중의 대답을 듣고 만족한 미소를 지었다.)

9월 23일(5면) 16일 남조선이 불교인권위원회 공동대표들인 진관, 지원, 한상법을 비롯한 불교단체 성원들이 《전체 불교도가 떨쳐나 보안법을 철폐시키자》라는 제목의 호소문을 발표하였다.

10월 1일(6면) 북한의 외무성 대변인이 미국이 《종교문제》를 가지고 북한을 걸고 든 것과 관련하여 조선중앙통신사 기자가 제기한 질문에 한 대답을 이란과 웰남 신문들이 9월 22일에 보도하였다. ('웰남'은 '베트남'의 북한식 표기이다.)

10월 2일(5면) 9월 23일 《전국목회자정의평화실천협의회》 주최로 《보안법의 정체와 그 대안》이라는 주제의 토론회가 서울 세종문화회관에서 진행되었다.

10월 4일(5면) 얼마전 미국이 《국제종교자유에 관한 년례보고서》를 발표한 것에 대해 조선종교인협의회가 3일 성명을 발표했다. "조선종교인협의회는 이 기회에 사랑과 정의, 평화를 념원하는 세계진보적 인민들과 국제신앙공동체들이 미국의 비렬한 종교모략책동과 악랄한 반공화국책동의 진면모를 바로보고 그것을 규탄배격하는 우리 인민의 정의의 목소리에 적극적인 지지와 성원을 보내주리라는 기대를 표명한다."

10월 10일(5면) 그리스도교 원로들이 《보안법》 폐지를 주장하며 6일 서울 안국동에서 기자회견을 갖고 《보안법폐지촉구선언 및 호소문》을 낭독했다.

10월 13일(4면) 일본 도꾜에서 진행되는 조선의 평화와 통일을 지지하는 그리스도교국제회의에 참가할 조선그리스도교련맹 대표단이 강영섭 위원장을 단장으로 하여 12일 평양을 출발했다.

10월 20일(6면) 60여 개 그리스도교 단체가 15일 서울 《한국기독교회관》에서 《보안법폐지 기독교운동본부》 결성식을 가졌다. 결성식에서는 《정의평화기독인련대》 대표 김동한과 《한국기독교총련합회》 초대 총무였던 한명수가 발언하였다.

10월 20일(6면) 남한 《MBC》방송에 의하면 성공회대학교 교수회가 14일 성명을 발표하고 《보안법》의 완전폐지를 주장하였다.

10월 30일(5면) 일본 도꾜에서 진행된 조선의 평화와 통일을 지지하는 그리스도교국제회의에 참가하였던 강영섭 위원장을 단장으로 하는 조선그리스도교련맹 대표단이 29일 귀국하였다.

11월 9일(5면) ("《선교사》의 탈을 쓴 살인악마의 무리"라는 제목으로, "미국 《선교사》들은 미국정부가 파견한 조선침략의 길잡이, 척후병이였다."라고 시작되는 기사를 실었다. 순안의 페스머 선교사가 사과를 주운 소년의 이마에 '도적'이라고 쓴 사건을 당시 신문기사와 함께 소개하고, 운산자혜병원에서 운산광산 노동자들을 인체실험 대상으로 삼았으며, 인체실험은 세브란스 병원에서도 무수히 감행되었고, 선천의 한 미국 선교사는 어린 소년의 등을 펴준다고 하면서 소년을 살해했고, 개성 남성병원에서는 소아마비를 앓고 있는 한 어린이를 약물실험 대상으로 삼아 살해했다고 썼다. 이 기사는 "우리 민족은 미제야수들이 이 땅에서 감행한 온갖 반인륜적범죄행위들을 영원히 잊지 않을 것이며 기여이 그 대가를 받아내고야 말 것이다. 본사기자 리석철"로 끝을 맺었다. 「로동신문」은 11월

6일부터 12월 4일까지 “미제는 조선인민의 백년숙적”이라는 제목의 반미기사를 10회에 걸쳐 연재했는데 제2회분 기사이다.)

11월 13일(6면) 《한국기독교장로회》 전남노회가 서울의 《국회》청사 앞에서 《보안법》 폐지를 요구하는 행사를 진행하였다. 150명이 참석했고, 장판철, 김창수의 발언이 있었다. 《한국기독교장로회》 문대골 목사가 악법폐지의 정당성에 대해 언급했다.

11월 27일(5면) 남조선의 《전국목회자정의평화실천협의회》와 《보안법 폐지 기독교운동본부》가 악법철폐를 주장하여 22일 서울 여의도의 《국민은행》 청사앞에서 기자회견을 가졌다. 《전국목회자정의평화실천협의회》 부의장 박수현과 상임의장 김병균, 목사 김동원이 발언하였다.

12월 2일(5면) 남조선의 《천주교정의구현전국사제단》 성원들이 11월 23일 명동성당 앞에서 시민사회단체인사들, 학생들과 함께 《보안법》 완전폐지를 위한 초불 문화제를 진행하였다.(‘초불’은 ‘촛불’의 북한식 표기이다.)

12월 2일(5면) 남조선의 《기독교장로회》 소속 생명선교련대 성원들이 11월 29일 서울에서 기자회견을 가지고 《보안법》이 폐지될 때까지 무기한 단식기도에 들어간다고 밝혔다.

12월 6일(5면) 1일 남조선의 《천주교정의구현전국사제단》이 서울 명동성당에서 《보안법》 완전폐지를 위한 2차 시국미사를 가지였다.

12월 21일(5면) 북과 남, 해외대표들의 합의에 따라 6·15 공동선언실천을 위한 북, 남, 해외 공동행사 북측준비위원회가 20일 평양에서 결성되었다.(명예공동위원장 3명 중 류미영 천도교청우당 중앙위원회 위원장이 들어 있다. 다른 2명은 양형섭 최고인민회의 상임위원회 부위원장과 김영대 조선사회민주당 중앙위원회 위원장이다. 부위원장은 15명인데 장재언 조선종교인협의회 회장, 강영섭 조선그리스도교련맹 중앙위원회 위원장, 박태화 조선불교도련맹 중앙위원회 위원장이 들어 있다.)

2005년

1월 2일(2면) [조국평화통일위원회 오익제가 "주체 94(2005)년 새해를 축하하여 위대한 령도자 김정일 동지께 삼가 올립니다"라는 인사편지를 올리다.]

1월 13일(4면) 리학유 서기장을 단장으로 하는 손정도목사기념사업회 대표단이 12일 평양에 도착하였다. 비행장에서 조선로동당 중앙위원회 당력사연구소 최상순 부소장, 관계 부문 일꾼들이 대표단을 맞이하였다.

1월 15일(2면) 애국지사인 고 손원태 선생의 유해를 애국열사릉에 안치하는 의식이 14일에 진행되었다. 조선로동당 중앙위원회 김기남 비서가 영결사를 하였다.

1월 16일(5면) 남조선《MBC》방송에 의하면 11일 남조선의 종교계 원로 100여 명이《북핵 문제》의 평화적 해결을 주장하는 내용의 편지를 미국대통령 부쉬에게 발송하였다.

1월 19일(5면) 12일 남조선의 불교인권위원회, 불교평화련대를 비롯한 종교단체대표들이 과거 일제가 저지른 일본군《위안부》문제에 대해 반성하고 배상할 것을 일본정부에 요구하여 공동성명을 발표하였다.

1월 21일(2면) 15일《통일맞이 늦봄 문익환목사기념사업회》주최로 경기도 남양주시에 있는 모란공원에서 문익환 목사 사망 11돌 추모행사가 진행되었다.

1월 23일(5면) 문익환목사 사진전시회 개막식이 18일 서울의 민주화운동

기념사업회 전시관에서 진행되었다.

2월 1일(5면) 남조선의 불교평화련대가 《미군은 한국을 떠나라》는 제목의 성명을 발표하였다.

3월 19일(4면) 북한 주재 로씨야련방 안드레이 까를로브 특명전권대사와 대사관 직원들이 18일 정백사원 건설현장을 찾아 나무를 심었다. 대사는 사원이 로씨야와 조선 두 나라 인민들 사이의 친선의 상징으로 될 것이라고 말하였다.

6월 18일(1면) 김정일이 17일 북남수뇌상봉의 연고자들인 전 국정원 원장 림동원, 통일부장관 박재규, 전 한겨레신문사 사장 최학래, 전 국정원 차장 김보현, 전 상지대학교 총장 강만길, 전 민주평화통일자문회의 수석부의장 김민하와 문익환 목사의 부인 박용길 여사를 접견했다.

7월 6일(5면) 6월 29일 남조선의 불교조계종민족공동체추진본부(민추본) 결성 5돌 기념식이 서울에서 진행되었다.

8월 4일(5면) 남조선의 종교단체들이 7월 29일 서울 종로구 《기독교회관》에서 기도회를 열고 정치수배전면해제를 요구하였다. 기도회에는 《한국기독교교회협의회》 인권위원회, 《전국목회자정의평화실천협의회》, 《한국기독교청년협의회》 등의 성원들이 참가하였다.

8월 6일(1면) 국제카톨릭의료봉사협회의 기증에 의하여 건설된 현대적인 종합병원인 라선시인민병원이 5일 개원식을 가졌다.(기사 중에 국제카톨릭의료봉사협회에 대한 칭찬이 많이 나온다.)

8월 9일(1면 톱기사) 북한을 방문하고 있는, 프랭클린 그라함 목사의 특별보좌관이 18일 백남준 외무상을 통해 미국 종교지도자 빌리 그라함 목사와 그의 아들 프랭클린 그라함 목사가 김정일께 드리는 선물을 전달했다.

8월 28일(4면) 남한《MBC》방송 최문순 사장 일행과 손정도목사기념사업회 리학유 서기장 일행이 27일 평양에 도착하였다.

8월 31일(2면) 북한의 최고인민회의 상임위원회 김영남 위원장이 30일 만주대의사당에서 남한《MBC》방송 최문순 사장 일행과 손정도목사기념사업회 리학유 서기장 일행을 만나 동포애적인 분위기 속에서 담화를 하였다.

10월 10일(4면) 도이췰란드에 가는 강영섭 위원장을 단장으로 하는 조선그리스도교련맹 대표단이 15일 평양을 출발하였다.

10월 28일(4면) 도이췰란드에 갔던 조선그리스도교련맹대표단이 27일 귀국하였다.

11월 2일(4면) 우리나라 역사에서 첫 통일국가였던 고려시기 역사문화유산의 하나인 령통사가 개성시에 복원되었다.

11월 2일(4면) 개성령통사복원기념 학술토론회가 10월 31일 령통사 보광원에서 진행되였다.

11월 2일(5면) 조선반도의 평화와 통일을 지지하는 그리스도교인들의 국제적련대성집회가 도이췰란드복음교회의 주최로 10월 19일부터 22일까지 도이췰란드의 프랑크푸르트에서 진행되었다.

11월 26일(5면) 남조선의 개신교, 불교, 원불교 등 4대 종교단체 종교인들이 평택미군기지 이전확장을 위한 당국의 강제토지수용책동을 반대하여 22일 서울 안국동에서 모임을 가졌다.

12월 3일(5면) 남조선 4대 종단의 인권위원회가 11월 28일 서울대학교병원에서 기자회견을 가지고 경찰들의 폭력적인 농민탄압만행를 규탄하였다.

12월 16일(5면) (기사 없이 "당국의 쌀시장개방을 단죄하는 남조선종교인들"이라는 설명이 붙은 사진을 게재했다. 사진에는 천주교 사제들로 보이는 흰 가운을 입은 사람들과 수녀들이 있다.)

12월 21일(4면) 방글라데슈의 다카에서 진행되는 《아시아종교평화대회》 집행이사회 회의에 참가할 장재언 회장을 단장으로 하는 조선종교인협의회 대표단이 20일 평양을 출발하였다.

2006년

1월 7일(4면) 《아시아종교평화대회》 집행이사회 회의에 참가하였던 대표단이 5일 귀국하였다.

1월 18일(5면) 14일 문익환 목사 사망 12돌 추모행사가 경기도 남양주시에 있는 모란공원에서 진행되였다.

2월 1일(4면) 주체95(2006)년 새해에 즈음하여 안드레이 까를로브 주북로씨야연방 특명전권 대사가 1월 31일 저녁 대사관에서 조선종교인협의회 성원들을 위하여 연회를 마련하였다.

2월 8일(4면) 브라질에 가는, 강영섭 위원장을 단장으로 하는 조선그리스도교련맹 대표단이 7일 평양을 출발하였다.

2월 9일(3면) 천도교청우당 창립 60돌 기념보고회가 8일에 진행되었다.

3월 5일(5면) 브라질에 갔던 조선그리스도교련맹 대표단이 3일 귀국하였다.

3월 7일(5면) 남조선의 그리스도교, 불교, 천도교, 카톨릭교, 원불교 등 종교단체대표들로 구성된 민주평화통일자문회의 종교위원회가 2월 28일 통일과 관련한 종교인들의 입장을 발표하였다.

5월 23일(5면) (1948년) 4월 남북련석회의에 참가한 김구가 안창호의 누이동생 안신호를 만나 김일성 주석에 대해 듣고 큰 충격을 받고 한생을 민족대단결위업에 다 바쳐갈 결심을 다시금 굳게 가지고 되었다고 한다.

5월 24일(4면) 아리마 라이데이 일본 교또불교회 이사장을 명예단장으로 하고 엥만지 주지인 니시오까 료고 천태종 이전 총무총장을 단장으로 하는 일본불교계대표단이 23일 평양에 도착하였다. 비행장에서 홍선옥 조선대외문화련락협회 부위원장과 관계부문 일꾼들이 대표단을 맞이하였다.

5월 28일(4면) 일본불교계대표단이 27일 귀국하였다. 대표단은 체류기간 개성령통사복원락성을 축하하는 의식을 진행하였으며 여러 력사유적을 참관하였다.

7월 18일(5면) 《기독교사회선교련대회의》를 비롯한 15개 종교단체들이 13일 서울의 장충교회당 앞에서 기자회견을 가지고 남조선미국《자유무역협정》 체결을 반대하였다.

8월 4일(5면) 일본의 종교단체인 오따니파해방운동추진본부가 일본에서 진행되는 조선인강제련행희생자들에 대한 추도모임과 집회에 참여하려던 우리 강제련행희생자유가족대표단의 입국을 차단한 정부의 처사를 규탄하여 7월 27일 성명을 발표하였다.

8월 13일(4면) 정백사원 준공식에 참가할 로씨야정교회 대외관계처위원장인 스몰렌스크 및 깔리닌그라드 총주교 끼릴을 단장으로 하는 로씨야정교회대표단이 12일 평양에 도착하였다. 대표단은 만수대 언덕의 김일성의 동상을 찾아 경모의 정을 표시하였다.

8월 14일(4면) 정백사원 준공식이 13일 현지에서 진행되였다. 준공식에는 곽범기 내각 부총리와 장재언 조선종교인협의회 회장, 궁석웅 외무성 부상, 전현찬 대외문화연락위원회 부위원장, 한현섭 평양시인민위원회 부위원장, 관계부문 일꾼들, 여러 종교단체 인사들과 주북로씨야연방 특명정권대사와 대사관 인사들, 주북 여러 나라 외교대표들, 국제기구대표들이 참가하였다.

8월 15일(4면) 로씨야정교회 대표단 만경대, 서해갑문과 주체사상탑과 개선문, 조국통일3대헌장기념탑 등을 참관하였으며 칠골교회와 장충성당을 돌아보았다. 끼릴 총주교는 로씨야정교회에서 조선로씨야친선 고창협동농장에 보내여온 륜전기재기증서를 농장관리위원장에게 전달하였다.

8월 16일(1면) 북한을 방문중인 끼릴 총주교가 15일 최고인민회의 상임위원회 김영남 위원장을 통해 김정일에게 선물을 전달하였다.

8월 16일(2면) 최고인민회의 상임위원회 김영남 위원장이 로씨야정교회대표단을 만났다. 끼릴 총주교는 로씨야정교회 총대주교 알렉씨 2세가 김정일에게 보내는 친서를 전달하였다.

8월 16일(5면) 로씨야정교회대표단 단장 끼릴 주교가 정백사원 준공과 관련하여 기자들과 회견을 가졌다. 끼릴은 정백사원이 로씨야 인민과 조선인민 사이의 친선관계를 긴밀히 하는데 이바지하리라는 것을 믿는다고 말하였다.

8월 18일(4면) 러씨야정교회대표단이 17일 귀국했다.

10월 1일(4면) 서영훈 손정도목사기념사업회 대표를 단장으로 하는 남조선 반일애국인사가족 성묘대표단이 9월 30일 평양에 도착했다.

10월 21일(5면) (개성시계급교양관 방문기사를 게재했다.) 얼마전에 개성시계급교양관에서 조선인민의 철천지원쑤 미제의 새로운 만행자료들을 많이 발굴수집하여 당원들과 근로자들에 대한 계급교양사업을 생동하고 실감있게 벌리고 있다는 소식을 듣고 이곳을 찾았다. 1호실에 들어서니 《〈자선〉과 〈박애〉의 너울을 쓴 승냥이》라고 쓴 글이 참관자들의 눈길을 끌었다. 벽면에는 오래전부터 우리나라에 기여든 미국선교사놈들이 《자선》과 《박애》의 너울을 쓰고 개성시와 주변지역에서 감행한 만행의 진상을 직관적으로 폭로하는 자료들이 게시되어 있었다.(이어 위임스 선교사, 남성병원, 앤더슨 선교사, 호수돈여자고등보통학교, 와그너 선교사 등을 강하게 비난했다.)

11월 (「로동신문」은 2006년 10월 말부터 12월 말까지 북한을 방문한 남측 단체와 인사들을 거의 빠짐없이 소개하였다. 「로동신문」에 방북사실이 보도된 단체들은 다음과 같다.)

민주로동당 대표단(단장 문성환) 10월 31일-11월 4일

이웃사랑회(단장 이일하) 11월 1-4일

전라남도민남북교류협의회 대표단(단장 윤장현 상임대표) 11월 4-7일

우리겨레하나되기운동본부대표단(단장 한상렬) 11월 7일-(출발일자 보도없다.)

제2차 우리겨레하나되기운동본부대표단(단장 권오헌) 11월 11-14일

강원도대표단(단장 김진선 도지사) 11월 22-25일

남북어린이어깨동무 대표단(단장 권근술 이사장) 11월 22-25일

한민족복지재단(단장 김형석 회장) 11월 29일-12월 2일

남조선 민족종교 및 민족주의운동단체대표단(한민족운동단체련합·동학민족통일회·동학 민족통일회대종교 대표들, 단장 박종구 남조선한민족운동단체련합 상임공동대표) 12월 2일-(출발일자 보도가 없다.)

남북나눔운동 대표단(단장 홍정길) 12월 12-16일

우리민족서로돕기운동 대표단(단장 김풍기 공동대표) 12월 18-21일

11월 19일(4면) 필리핀의 마닐라에서 진행되는 아시아종교평화대회 집행이사회회의에 참가할 장재언 회장을 단장으로 하는 조선종교인협의회대표단이 18일 열차로 평양을 출발하였다.

12월 16일(2면) 주체 70년(1981년) 7월 3일, 원래 평양출신으로서 일찍이 미국에 건너가 종교교육을 받고 돌아와 교회목사를 하다가 다시 미국으로 간 후 오래동안 미국과 남조선에서 학계와 종교계에서 몸을 잠그어온 김성락 목사가 평양을 찾아왔을 때 김일성은 그를 동포애의 정으로 따뜻이 대해 주고 점심시간이 되었을 때 그를 식탁으로 초청하면서 먼저 선생이 식전기도를 올려야 하지 않겠는가고 권고했다. 그 말에 목사는 큰 충격을 받아 얼굴이 붉어져 한동안 어쩔바를 몰라했다.

2007년

「로동신문」은 2007년에도 남측 단체와 인사들의 북한방문 사실을 보도했는데 빠진 경우가 많다. 「로동신문」에 방북사실이 보도된 단체와 인사들은 다음과 같다.

남북나눔운동 대표단(단장 홍정길 회장) 3월 28일 도착

민족경제협력련합회 3월 31일 출발

천주교정의구현사제단 고문 일행(함세웅 신부 외) 3월 31일–4월 4일

우리겨레하나되기운동본부 대표단(단장 한상렬 공동대표) 5월 4–7일

민족화해협의회 5월 4–7일

적십자사 총재(한완상) 일행 10월 30일–11월 2일

순복음선교회 대표단(단장 조용기 이사장) 12월 3–6일

3월 16일(3면) (김일성의 아버지인 김형직이 평양 숭실중학교에 다닐 때의 일화라며 다음과 같은 내용을 소개하였다.) 어느 날 학교에서 토론회가 진행되

었는데 "조선의 청년학생들은《하느님》의 충실한 사도가 되어야 하며 따라서 종교교리가 담겨진《성경》을 공부해야 한다."라는 목소리들도 나왔다. 김형직은 이 주장에 반격을 가하고 우리 청년들은 마땅히 조선을 위하여 살아야 한다고, 조선이 없이는 우리의 청춘도 희망도 미래도 없다고 역설하여 청년학생들의 심금을 울렸다.

3월 24일(2면) [전면이 "영원히《지원》의 뜻으로 살자 조선국민회 결성 90돐에 삼가 이 글을 드린다"는 제목의, 김형직과 관련된 글인데, 글 가운데 김형직이 1913년 어느 여름 주일에 친구인 배민수(뒷날 목사가 됨), 덕순과 함께 〈조선독립〉이라는 혈서를 썼다는 내용이 있다. 연세대학교 출판부에서 1999년에 발행한 『배민수 목사 자서전』에도 같은 내용이 있는데 배민수 목사는 김형직 등 몇 친구와 함께 기자의 묘에 가서 기도하곤 하였다고 적었다.]

5월 20일(4면) 필리핀의 마닐라에서 진행되는 아시아종교평화대회 집행이사회의에 참가할 장재언 회장을 단장으로 하는 조선종교인협의회 대표단이 19일 평양을 출발하였다.

6월 2일(4면) 아시아종교평화대회 집행이사회의에 참가하였던 조선종교인협의회 대표단이 1일 귀국하였다.

6월 5일(4면) 초산혁명사적지는 김형직이 1918년 11월과 그후 여러 차례 찾아 반일활동을 한 곳인데 사적지가 꾸려진 이후 지난 30년 동안 60여 만 명이 찾았다.(사적지의 유적 가운데 배신학교와 십자의원이 있는데 배신학교는 1904년에 초산읍교회에서 설립한 장로교계 학교이며 설립자는 안승원 목사이다. 십자의원도 이름으로 보아 기독교 의료기관으로 여겨진다.)

7월 11일(1면) (남한의 인민들이 김일성을 날로 흠모한다는 기사 가운데 "서울신학대학교의 초빙강의에 출연한 종교인 장길연은《장군님의 수령영생실록의 갈피마다에는 주석님께 바치시는 그분의 고결한 의리의 세계가 그대로 비껴 있다. 장군님이시야말로 의리의 최고화신이며 우리 태양민족의 구세주이시다.》라고 격찬하였다."라는 대목이 있다.)

8월 13일(1면) 김정일이 함남 리원군 원사리에 자리잡고 있는, 7세기 중엽에 건설된 정광사를 돌아보고 정광사는 국보적 의의가 크다고 하면서 많은 사람들에게 보여주어야 한다고 하였고 참관에 필요한 조건을 충분히 마련하고 관리사업도 잘 해야 한다고 말했다. 김정일은 또 우리 인민의 우수한 건축술과 뛰어난 예술적 재능이 깃들어 있는 역사문화유적들은 나라의 귀중한 문화적 재보인만큼 보존관리사업에 특별한 관심을 돌려야 한다고 지적했다.

8월 14일(5면) (오익제가 "한울님의 나라에서 보낸 10년을 더듬어보며"라는 제목으로 쓴 글을 거의 전면에 걸쳐 실었다. 글 중에 "저는 《종교의 자유》를 부르짖는 남쪽에서 오히려 천도교인으로 배척을 당했던 사람입니다. 그 땅은 민족종교로서 천도교가 뿌리내릴 땅이 아니였습니다."라는 내용이 있다.)

11월 23일(4면) 로씨야를 방문하는 장재언 회장을 단장으로 하는 조선종교인협의회 대표단이 22일 평양을 출발하였다.

12월 5일(4면) 로씨야를 방문하였던 조선종교인협의회 대표단이 4일 귀국하였다.

12월 6일(2면) 최고인민회의 상임위원회 김영남 위원장이 5일 만수대의사당에서 조용기 이사장을 단장으로 하는 남조선 《순복음선교회》 대표단을 만나 담화를 하였다. 여기에는 강영섭 조선그리스도교련맹 중앙위원회 위원장과 관계부문 일군들이 참가하였다.

2008년

1월 31일(5면) 문익환 목사 사망 14돌 추모모임이 26일 일본 도꾜에서 재일교포단체인 《씨알의 힘》과 남조선의 《통일맞이 늦봄 문익환목사

기념사업회》의 공동주최로 진행되었다.

2월 3일(4면) 도이췰란드에 가는 강영섭 위원장을 단장으로 하는 조선그리스도련맹 대표단이 2일 평양을 출발하였다.

2월 15일(2면) 도이췰란드에 갔던 조선그리스도련맹 대표단이 14일 귀국하였다.

2월 24일(5면) 조선반도의 평화와 통일에 관한 그리스도교 국제토론회가 5일부터 8일까지 도이췰란드 프랑크프루트에서 진행되였다. 토론회에서는 세계교회협의회, 아시아그리스도교협의회 그리고 북한의 그리스도교련맹 대표단을 비롯하여 도이췰란드, 영국, 프랑스, 스위스, 카나다, 미국, 일본 등 여러 나라와 지역의 그리스도교단체 대표 110여 명이 참가하였다.

5월 31일(2면) 김정일이 백운산유원지를 현지 지도하는 가운데 오랜 역사문화유적인 용홍사(龍興寺)를 돌아보고 역사문화 유적을 잘 돌볼 것을 당부했다. (2008년 「로동신문」에는 "자랑스러운 민족문화유산"과 관련된 기사들이 자주 실렸다. 모란봉 주변의 성문들, 개성의 선축교, 평양 만경대구역 룡악산 기슭에 있는 룡곡서원, 만월대, 석왕사 등이 소개되었다.)

6월 16일(5면) 조선종교인협의회 대변인이 13일에 담화를 발표했다. "남조선의 모든 종교인들과 종교단체들이 민족을 등지고 외세에 추종하는 리명박 역도를 파멸시키기 위한 투쟁에 적극 나서리라는 기대를 표명한다."

7월 2일(5면) 6월 30일 서울에서 카톨릭교 교인들과 각계층 시민 5만여 명이 미국산 소고기 수입을 반대하는 초불투쟁을 전개하였는데《천주교정의구현전국사제단》의 신부 100여 명은 이날 밤부터 시청앞 광장에 천막을 치고 단식농성에 들어갔다.

7월 8일(5면) 6일 서울에서《기독교대책회의》집행위원장인 목사 김경호, 목사 김성윤, 《기독교환경련대》 사무총장 양재성, 목사 방인성 등의 종교인들과 각계층 시민들의 참가하에 60차 초불투쟁이 전개되였다.

7월 10일(5면) 7일 남조선의 《미국산소고기수입반대 기독교대책회의》의 주최로 서울시청앞 광장 주변에서 초불투쟁이 전개되였다.

7월 15일(5면) 남조선 《KBS》방송에 의하면 남조선 불교계가 《시국법회추진위원회》를 상설적인 조직으로 개편하고 적극적인 활동에 들어갈 것이라고 밝혔다.

7월 26일(5면) 최근 세계교회협의회와 산하 그리스도교 단체들이 남조선 리명박 역도의 반통일적, 반민족적 대결정책을 단죄규탄하는 항의운동을 전개하고 있다.

8월 1일(4면) 미국 목사 프랭클린 그라함과 일행이 7월 31일 평양에 도착하였다.

8월 2일(4면) 프랭클린 그라함과 일행이 인민대학습당, 주체사상탑을 참관하였으며 만경대학생소년궁전에서 궁전예술소조원들의 종합공연을 관람하였다.(인민대학습당은 남산현감리교회가 있던 자리이다.)

8월 4일(4면) 미국 목사 프랭클린 그라함과 일행이 3일 귀국하였다.

8월 10일(5면) 남조선의 《미국산 소고기수입반대 기독교대책회의》가 6일 서울의 경찰청 앞에서 괴뢰경찰의 종교탄압만행을 규탄하는 기자회견을 가졌다.

8월 11일(5면) 남조선 《KBS》방송에 의하면 《대한불교조계종》 소속 조계사 신도회가 7일 서울에서 법회를 가지고 지도에서 절간을 삭제하고, 조계종 종무원장 차를 검문검색하는 등 《정부》의 편향적인 종교정책철회와 공개사과를 요구했다.

8월 16일(5면) 서울 강남구 봉은사의 불교인들이 10일 리명박 《정권》을 규탄하는 《시국법회》를 가졌다.

8월 20일(5면) 남조선불교계가 11일 서울에서 리명박 패당의 종교차별 행위를 규탄하는 투쟁들을 전개하였다.

8월 25일(5면) 남조선의 《한국기독교청년협의회》와 《천도교청년회》, 《대한불교청년회》 등 9개 종교계청년단체 대표들이 12일 서울의 조계사에서 기자회견을 가지고 리명박 패당의 종교편향정책에 반발하였다.

8월 29일(5면) 27일 서울의 시청앞 광장에서 《헌법파괴, 종교차별 리명박정부 규탄 범불교도 대회》가 진행되었다.

9월 2일(5면) 남조선 범불교대회 준비위원회가 8월 28일 전체회의를 열고 반《정부》 집중투쟁을 벌려 나갈 것을 선언하였다.

9월 4일(5면) 남조선 《MBC》 방송에 의하면 8월 31일 서울 조계사를 비롯한 남조선 전지역의 1만여 개 절간들에서 리명박 역도의 종교차별 행위를 규탄하는 《법회》가 일제히 진행되었다.

9월 4일(5면) 남조선 강원도 오대산 상원사의 이전 주지가 리명박 괴뢰역도의 종교차별에 항거하여 30일 서울 조계사에서 할복자살을 시도하였다.

9월 6일(5면) 남조선의 범불교도대회 준비위원회 대변인이 1일 서울에서 기자회견을 가지고 리명박 역도가 종교차별행위에 대해 사죄할 것을 주장하였다.

9월 15일(5면) 최근 남조선에서 리명박 《정권》을 반대하는 불교계의 투쟁이 강화되고 있어 주목을 끌고 있다.

10월 12일(4면) 필리핀의 마닐라에서 진행되는 아시아종교평화대회 제7차 총회에 참가할 장재언 회장을 단장으로 하는 조선종교인협의회 대표단이 11일 열차로 평양을 출발하였다.

10월 29일(4면) 필리핀의 마닐라에서 진행된 아시아종교평화대회 제7차 총회에 참가했던 조선종교인협의회 대표단이 28일 열차로 귀국했다.

12월 9일(4면) 북한의 종교단체 일꾼들이 알렉씨2세 로씨야정교회 총대주교의 서거와 관련하여 8일 주조 로씨야련방대사관을 방문하고 조의를 표시하였다.

2009년

1월 22일(2면) [“불멸의 혁명사적지 포평혁명사적지”라는 제목으로 량강도 김형직군 김형직읍에 위치하고 있는 포평혁명사적지를 소개했다. 김일성은 1968년과 1969, 1991년에 포평을 찾았으며 1988년에 “포평은 나의 두 번째 고향”이라고 말했다고 하면서 “포평혁명사적지에는 이밖에도 우리나라 반일민족해방운동의 탁월한 지도자이신 김형직 선생님과 우리나라 녀성운동의 탁월한 지도자이신 강반석 녀사, 불요불굴의 혁명투사 김형권 동지, 김철주 동지의 혁명활동업적을 길이 전하여주는 포평례배당, 함경도집야학방, 씨름터, 포평국수집, 비밀연락장소(헌병보조원집), 우편물위탁소, 포평경찰관주재소, 포평회의장소, 룡바위집, 압강려관 등이 있으며 포평혁명사적관이 있다.”라는 대목이 있다. 포평례배당은 김일성의 가정이 팔도구에 거주할 때 출석하던 교회인데, 지금도 건물이 보존되어 있다.]

2월 7일(2면) 영국국회 대표단이 3일 도착하여 4일 최고인민회의 대표단과 회담을 갖고 여러 곳을 돌아보았는데 장충성당도 찾았다. 7일 귀국하였다.

2월 27일(5면) 남조선의 《룡산철거민참사기독교대책회의》를 비롯한 그리스도교 단체 소속 종교인 400여 명이 24일 서울 광화문에서 룡산철거민희생자들에 대한 추모집회를 가지고 리명박 괴뢰역도를 심판

할 것을 주장하였다.

3월 10일(2면) 8일에 실시된 제12기 대의원선거에서 천도교의 오익제가 218 선거구에서, 강영섭 287 선거구에서 당선되었다.

3월 13일(5면) 남조선 인천지역의 종교인들이 9일 기자회견을 가지고 괴뢰당국이 북남공동선언을 이행할 것을 요구하였다.

4월 10일(3면) [최고인민회의 상임위원회(위원장 김영남) 위원 명단에 류미영이 첫 번째로 나왔다. 위원은 위원장과 부위원장들을 포함하여 모두 16명이다.]

5월 24일(4면) ("백두산의 력사유적 《종덕사》"라는 제목의 기사에서 종덕사를 자세하게 소개하였다. 종덕사는 1906년 6월 6일에 세워졌으며 자리만 남아 있는데 천불교 신자들이 지은 절이라고 소개하였다. 백두산과 관련된 민간신앙도 소개하였다.)

9월 13일(4면) 월프강 후버 총회장을 단장으로 하는 도이췰란드개신교회 대표단이 12일 평양에 도착하였다. 비행장에서 강영섭 조선그리스도교련맹 중앙위원회 위원장과 토마스 쇄퍼 주조 도이췰란드 특명전권대사가 대표단을 맞이하였다.

9월 16일(4면) 도이췰란드개신교회 대표단이 15일 귀국하였다.

9월 16일(4면) 평양과학기술대학 1단계 건물준공식에 참가할 김진경 평양과학기술대학 설립 총장을 단장으로 하는 대표단이 15일 비행기로 평양에 도착하였다.

9월 17일(4면) 평양과학기술대학 1단계 건물준공식이 16일에 진행되었다. 준공식에는 전극만 교육성부상과 관계부문 일꾼들이 참가했다. 설립총장에게 평양과학기술대학 공동운영총장 임명장이 전달된 다음 참가자들은 대학 1단계건물을 돌아보았다.

9월 18일(5면) 평양과학기술대학 1단계 건물준공식에 참가하였던 대표단이 17일 비행기로 평양을 떠나갔다.

9월 29일(4면) 미국목사 프랭클린 그라함의 특별보좌관 멜빈 리치담 일행이 28일 비행기로 평양에 도착하였다.

10월 9일(5면) (하단에 사찰 사진과 "우리 민족의 슬기와 재능이 깃들어 있는 력사문화유적들을 돌아보는 답사자들 개심사에서"라는 설명이 있다.)

10월 21일(6면) 홍콩에 가는 강영섭 위원장을 단장으로 하는 조선그리스도교련맹 대표단이 20일 비행기로 평양을 출발하였다.

10월 27일(4면) 중국 홍콩에 갔던 조선그리스도교련맹 대표단이 26일 귀국하였다.

2010년

2월 12일(5면) 남조선의 경제정의실천불교시민련합, 불교환경련대, 불교인권위원회를 비롯한 불교단체들이 2일 서울 종로구 조계사 앞에서 기자회견을 가지고 《정보원》의 비렬한 탄압책동을 단죄하였다.

3월 18일(5면) 묘향산 보현사가 한국전쟁 때 미군의 폭격으로 많이 파괴되고 유물들이 불탔으나 김일성과 김정일의 영도 밑에 인민들이 1970년대 보현사를 본래의 모습으로 복구하였다.

5월 29일(5면) 남조선의 카톨릭교, 불교, 개신교, 원불교의 단체들이 24일 《천안》호 침몰사건과 관련하여 남조선주재 미국대사관에 항의문을 보냈다.

6월 13일(5면) 남조선의 통일인사 한상렬 목사가 12일 평양에 도착하였다. 비행장에서 안경호 위원장을 비롯한 6·15 공동선언실천 북측위원회 성원들이 동포의 정으로 그를 따뜻이 맞이하였다. 한상렬 목사는 도착 성명에서 6·15를 살리고 민족의 화해와 평화, 통일에 이바지하기 위해 목숨 걸고 평양에 왔다고 강조하였다.

[이후 「로동신문」은 한상렬 목사가 8월 21일, 판문점을 통해 남한으로 돌아갈 때까지 북한에서의 그의 동정과 그의 방북과 관련된 성명 등을 18차에 걸쳐서 자세하게 보도하였다. 「로동신문」에 따르면 한상렬 목사는 북한에 머무는 동안 만경대 방문, 조국통일3대헌장기념탑 참관, 평양시 여러 곳 참관, 기자회견(두 차례), 환영군중집회 참석, 근로자들과 비전향 장기수들, 범청년 북측 인사들과 상봉, 개성지구 참관, 백두산지구 참관, 국제친선관람관(묘향산)과 서해갑문(남포) 참관, 대집단체조와 예술공연《아리랑》관람, 최고인민회의 상임위원회 김영남 위원장 면담(6·15공동선언실천 북측위원회 안경호 위원장과 조선그리스도련맹 중앙위원회 강영섭 위원장이 참가), 환송집회 참석 등의 일정을 가졌다.]

6월 26일(5면) 《미제가 공화국북반부에 끼친 피해조사위원회》가 6월 24일, "미제가 남조선에 비법적으로 기여든 1945년 9월 8일부터 60년간 공화국북반부에 입힌 모든 인적, 물적 피해를 전면적으로 조사장악하였는데 피해액을 종합한데 의하면 총 64조 9,598억 5,400만 US$에 달하는데 확증되지 못한 피해는 훨씬 더 많을 것으로 추청된다."고 발표했다. 이 발표에 따르면, 3년간의 전쟁 기간 북반부에서는 123만 1,540여 명이 미제에 의하여 무참히 살해되었는데 평양에서만 15만 7,840여 명의 주민이 사망했고, 부상자는 246만 3,090명인데, 그중 29만 4,020여 명이 장애자가 되었으며, 혹심한 피해를 입은 건물 241만 6,407동인데 그 가운데 교회당과 례배당, 성당, 종리원과 같이 종교의식에 리용되던 건물 7,491동이 들어 있다고 한다.

8월 22일(5면) 6·15 해외측위원회가 "통일인사 한상렬 목사에 대한 극악무도한 탄압만행을 규탄한다."는 성명을 발표했다.(이후 2011년 2월 1일까지 「로동신문」은 한상렬 목사의 재판과 그에 관련된 기사 29건을 보도하였다.)

9월 15일(6면) 에짚트 대통령 무함마드 흐쓰니 무바라크가 9일 기자회견을 갖고, 최근 미국 플로리다주에 있는 한 교회 교주가 9·11사건 9주년을 계기로 코란경을 불태워버릴 계획을 발표한 것은 이슬람교를 반대하는 비열한 행위라고 경고하였다.

9월 16일(5면) 인도네시아, 파키스탄, 인디아 등 아시아 나라들이 9일 이슬람교의 코란경을 불태우려는 미국 플로리다주 교회의 무분별한 계획을 강력히 규탄하였다.

9월 19일(6면) 나이지리아 대통령 굳락크 에벨레 죠나단이 9일 기자회견에서 미국교회의 무모한 계획을 강력히 규탄하였다.

10월 20일(6면) 미국이 《종교재판관》 행세를 해오다가 코란경 소각사건으로 망신을 당하고 있다.

11월 27일(6면) 최근 미국무성이 2010년 《국제종교자유에 관한 년례보고서》를 발표하였다. 미국은 보고서에서 세계 거의 모든 나라들의 종교자유실태에 대해 이러쿵저러쿵 시비하면서 우리나라와 중국, 이란 등 8개 나라를 《특별우려대상국》으로 또다시 지정하였는데 그야말로 가소롭고 주제넘은 짓이다. 미국이야말로 《종교재판관》이 아니라 종교심판대 위에 올라서야 할 주범이다.

12월 6일(6면) 미국이 2010년 《국제종교자유에 관한 년례보고서》를 발표한 것에 대해 중국 외교부 대변인, 이란 국회인권위원회 위원장, 에짚트 외무성 대변인, 웰남신문 《꿘도이 년전》 등이 반박했다.

2011년

3월 2일(4면) 유르겐 클림케 도이췰란드 그리스도교민주동맹 출신 련방의회 의원과 일행이 1일 평양에 도착하였다.

3월 4일(4면) 도이췰란드 그리스도교민주동맹 출신 련방의회 의원 일행이 만경대, 만경대 옛집, 김일성종합대학 전자도서관, 수양관, 주체사상탑, 당창건기념탑, 미제무장간첩선《푸에불로》등을 참관하였으며 국립교향악단의 공연을 관람하였다.

3월 6일(4면) 도이췰란드 그리스도교민주동맹 출신 련방의회 의원 일행이 5일 귀국하였다.

3월 7일(4면) 중국, 카나다, 미국, 유럽 등 세계각지의 해외동포종교인들이 3·1인민봉기 92돌에 즈음하여 1일, 온 겨레가 3·1인민봉기의 민족자주정신을 이어 분열을 끝장내고 평화통일, 민족번영을 이룩하기 위한 투쟁에 떨쳐나서자고 강조하는 공동호소문을 발표하였다.

3월 26일(6면) 파키스탄 대통령 아씨프 알리 자르다리가 22일 국회에서 한 연설에서 미국교회의 코란경모독행위를 강력히 규탄하였다.

4월 2일(2면) 김일성은 평양시 건설총계획도를 작성할 때 남산재를 수도의 중심부로 정하고 그곳을 축으로 도시를 형성하도록 지시하면서도 굳이 빈터로 남겨두었는데, 주체 62(1973)년 12월 어느 날 남산재에 올라서 이곳을 정리할 때가 되었다고 하면서 도서관을 크게 짓자고 하여서 그곳에 인민대학습당이 세워지게 되었다.(남산재는 남산현 감리교회를 비롯하여 감리교의 학교와 병원, 선교사 주택 등이 있던 곳이다.)

4월 30일(4면) 프랑크 엥겔 룩셈부르그 그리스도교사회인민당 출신 유럽의회 의원이 29일 평양에 도착하였다.

5월 2일(2면) 프랑크 엥겔 룩셈부르그 그리스도교사회인민당 출신 유럽의회 의원이 4월 30일 평양남새과학연구소, 조국해방전쟁승리기념관, 미제무장간첩선《푸에불로》호 등을 참관하였다.('남새'는 채소를 말한다.)

5월 3일(4면) 룩셈부르그 그리스도교사회 인민당 출신 유럽의회 의원이 2일 평양을 떠났다.

5월 11일(4면) 미국 비정부단체 《사라리탄즈피스》 회장인 프랭클린 그라함 목사와 일행이 10일 전용기로 평양에 도착하였다.

5월 14일(5면) 미국 목사 프랭클린 그라함 일행이 13일 귀국했다.

6월 8일(8면) (「로동신문」은 6면인데 가끔 8면을 발행하는 일이 있다.) 남조선의 그리스도교인들과 진보연대 인사들이 2일 서울 구치소 앞에서 통일인사 한상렬 목사에 대한 괴뢰당국의 인권유린행위를 규탄하는 항의행동을 벌였다. 그들은 구치소 당국이 한상렬 목사를 강철 그물로 둘러싼 독감방에 가두고 갖은 박해를 가하고 있다고 비난하였다.

8월 13일(4면) 정백사원 개원 5돌 기념행사에 참가할 로씨야정교회 해외기관조정위원회 위원장인 예고리옙스크 대주교 마크크를 단장으로 하는 로씨야정교회 대표단이 12일 평양에 도착하였다.

8월 14일(4면) 정백사원 개원 5돌 기념행사가 13일에 진행되였다. 주조 로씨야연방 특명전권 대사와 대사관 직원들, 여러 나라 대사관 직원들, 국제기구대표들이 참가하였다.

8월 16일(4면) 조선해방 66돌에 즈음하여 주조 로씨야연방대사관 직원들이 15일 해방탑에 화환을 진정하였는데 북한을 방문하고 있는 로씨야정교회 대표단 일행도 참가하였다.

8월 16일(4면) 로씨야정교회 대표단이 15일 귀국하였다. 대표단은 체류기간 만경대를 방문하였으며 주체사상탑과 국제친선박람관을 참관하였다.

8월 26일(4면) 북한의 교육학명예박사학위를 김진경 평양과학기술대학 공동운영총장에게 수여하는 의식이 25일 만수대의사당에서 있었다. 국가학위직수여위원회 위원장인 전하철 내각부총리, 강춘금 국가학위직수여위원회 서기장, 관계부문 일꾼들이 참가하였다. 이날 공동운영총장에게 평양시 명예시민증을 수여하는 의식도 있었다.

9월 22일(4면) 남조선 종교인평화회의 대표회장이며 천주교 광주대교구 교구장인 김희중 대주교를 단장으로 하는 남조선 7대종단 대표단이 21일 평양에 도착하였다.

9월 23일(5면) 민족의 화해와 단합, 평화통일을 위한 북남종교인모임이 22일 평양에서 진행되였다. 모임에는 장재언 조선종교인협의회 회장, 강영섭 조선그리스도교련맹 위원장, 심상진 조선불교도련맹 중앙위원회 위원장, 강철원 조선천도교회 중앙지도위원회 부위원장과 종교단체 인사들이 참가하였다. 남조선 종교인평화회의 대표회장이며 천주교 광주대교구 교구장인 김희중 대주교를 단장으로 하는 남조선 7대종단 대표단 인사들이 여기에 참가하였다. 모임에서는 공동성명이 발표되었다.

9월 24일(4면) 남조선 7대종단 대표단은 만경대, 백두산지구와 개선문, 대동강과수종합농장, 대동강과일종합가공공장을 참관하고 예술공연《아리랑》을 관람하였다.

9월 24일(6면) 향린교회 교인들이 얼마전 국방부앞에서 기도회를 가지고 기무사령부가 교회의 교인으로서《련합군사령부》에서 근무하는 설두복을《보안법》위반혐의자로 몰아 수색하고 여러 차례 조사한데 언급하였다. 군 당국이《보안법》위반으로 문제삼고 있는 것은 그가 교회에 제출한 소개서, 평화협정체결을 요구하는 서명운동 참가, 평택 대추리에서의 예배활동 등이라고 그들은 밝혔다.

9월 25일(6면) 남조선 7대종단대표단이 24일 평양을 떠났다.

9월 28일(1면) 김정일이 문익한 목사의 부인 박용길 녀사가 병환으로 서거하였다는 소식을 듣고 26일 고인의 유가족들에게 심심한 애도의 뜻을 표하는 전보를 보냈다.

10월 1일(4면) 박용길 녀사의 장례식이 9월 28일 서울의 한신대학교에서 진행되었다.

10월 1일(4면) 조국평화통일위원회 대변인은 남조선당국이 문익환 목사의 부인 박용길 녀사의 사망과 관련한 북한의 조의표시를 전달받기 위해 개성에 나오려던 남측 장례위원회 관계자들을 가로막은 것과 관련하여 조선중앙통신사 기자가 제기한 질문에 "무지막지한 폭거", "온 겨레의 격분을 자아내고 있다.", "절대로 용서치 않을 것이며 우리는 단단히 계산할 것이다."라고 대답하였다.

10월 5일(5면) 남조선 7대종단 대표단 일원으로 북한을 방문하였던 한국기독교교회협의회 총무 김영주 목사는 9월 29일 인터넷 신문《통일뉴스》와의 회견에서 남북이 하루빨리 불신을 털고 관계를 개선해야 한다고 말하였다.

11월 21일(5면) 서울 종로구에 사는 한 기업가, 한국민권연구소 상임연구원 최한욱, 현대사 연구원 장현일 등의 김정일 예찬을 소개하고 기독교대북지원 NGO인《한민족복지재단》김강련이 김정일의 애국헌신의 노고를 격찬했다.

11월 22일(5면) 남조선의 그리스도교인들이 17일 서울의 청계천광장에서 촛불예배를 가지고 미국과의《자유무역협정》체결을 반대했다.

12월 3일(5면) 남조선 법원은 북한을 방문하여 통일활동을 벌린 한상렬 목사에게 또다시 징역 2년에 자격정지 2년을 선고하였다.

12월 6일(5면) 리동제 재일조선인평화통일협회 회장이 한상렬 목사에게 중형을 들씌우는 폭거를 감행한 것을 규탄하는 담화를 발표했다.

12월 10일(4면) 문형진 회장을 단장으로 하는 세계평화연합대표단이 9일 평양에 도착하였다.

12월 17일(4면) 세계평화연합대표단이 16일 평양을 떠나갔다.

2012년

1월 16일(5면) ("귀중한 문화유산 연탄군의 심원사"라는 제목으로 황해북도 연탄군에 있는 심원사를 소개하였다. 조그련 위원장 강영섭 목사가 1월 21일 사망했는데 전혀 보도되지 않았다. 강영섭 목사는 최고인민회의 12기 대의원을 비롯하여 여러 직책을 가지고 있었다.)

3월 1일(6면) 얼마전 미국신문 《워싱턴포스트》가 미행정부 고위각료의 중국 방문 사증발급이 부결된 데 대해 보도했다. 사증발급이 부결된 이유는 이 고위각료가 미국정부에서 종교문제를 전문으로 맡고 있기 때문으로, 그는 중국에 가면 《인권문제》가 제기되는 지역에 가보겠다고 약속하였다. 그 고위관료는 자기의 그릇된 언행으로 문전 거절 당한 셈이다.

3월 2일(5면) 이란 고위성직자 아흐마드 카타미가 2월 24일 아프가니스탄 주둔 미군기지에서 감행된 코란경 모독행위를 규탄하였다.

3월 3일(5면) 남조선의 기독교교회협의회 정의평화위원회, 《한국교회인권쎈터》 등 종교단체 원로목사들이 신앙과 양심의 자유를 침해하는 《보안법》의 폐지를 주장하여 2월 21일 서울 종로 기독교회관에서 기자회견을 가졌다.

3월 4일(6면) 얼마전 아프가니스탄에 있는 한미 군사기지에서 이슬람교의 경전인 코란경을 소각하고 쓰레기더미에 쳐넣은 사건이 일어났는데 그 책임은 미국 자체에 있다.

4월 10일(1면) 김일성과 김정일의 태양상 모자이크 벽화가 장대재언덕에 건립되었다. 준공식은 4월 9일에 6만여 명이 참석한 가운데 있었다. 내각총리 최영림을 비롯한 고위인사들이 다수 참석하였다. (장대재언덕은 장대현교회가 있던 곳이다.)

6월 24일(4면) 스위스그리스도교민주인민당 출신 국회상원의원 레네 이모베르도르프를 단장으로 하는 스위스그리스도교민주인민당 대표단이 23일 평양에 도착하였다.

6월 26일(4면) 조선로동당 대표단과 스위스그리스도교민주인민 대표단의 회담이 25일 평양에서 진행되었다.

6월 26일(4면) 조선로동당 중앙위원회에서 스위스그리스도교민주인민당 대표단을 위하여 연회를 마련하였다.

6월 28일(4면) 스위스그리스도교민주인민당 대표단이 27일 김일성종합대학 전자도서관, 주체사상탑, 국제친선관람관, 평양양말공장, 경상유치원 등을 참관했다.

7월 1일(5면) 스위스그리스도교민주인민당 대표단이 귀국했다.

8월 10일(2면) 김정일이 1998년 6월 어느날 석왕사를 찾아 석왕사에 느티나무가 많아 좋다고 하면서 여기에서 씨를 받아 온 나라에 느티나무림이 설레이게 하면 수십 년, 100년 후에는 우리 후대들이 덕을 보게될 것이라고 말했다.

9월 2일(4면) 조국평화통일위원회 부위원장, 최고인민회의 제11기, 제12기 대의원이며 조선천도교회 고문인 오익제 선생이 병환으로 주체 101(2012)년 9월 1일 83살을 일기로 서거하였다.

9월 8일(3면) 김정은이 세계평화연합 총재 문선명의 서거에 깊은 애도의 뜻을 표시하여 7일 화환을 보내었다.

9월 8일(3면) 국방위원회 부위원장 장성택과 중앙위원회 비서 김양건이 김정은이 보낸 화환을 7일 고인의 유가족에게 전달하였다. 한편 이날 문선명에게 조국통일상을 수여하는 의식이 만수대의사당에서 있었다. 고인의 유가족과 장의위원회 관계자는 이날 개성을 통과하여 평양에 도착하였다.

2013년

3월 26일(4면) 도이췰란드련방의회 그리스도교민주동맹-그리스도교사회동맹 공동그루빠 서기장 만프레드 그룬드가 25일 평양에 도착하였다.

3월 27일(4면) 공동그루빠 서기장이 26일 금수산태양궁전을 찾아 경의를 표시했다.

3월 28일(4면) 공동그루빠 서기장이 27일 만경대, 주체사상탑, 국가선물관, 인민야외빙상장을 참관했다.

3월 29일(6면) 공동그루빠 서기장 28일에 귀국했다.

5월 21일(4면) 도이췰란드그리스도교민주동맹 출신 련방의회 의원 유르겐 클림께와 일행이 20일 비행기로 평양에 도착하였다.

5월 25일(4면) 도이췰란드그리스도교민주동맹 출신 련방의회 의원 일행이 24일 귀국했다.

9월 22일(4면) 울라프 픽세트베이트 사무총장을 단장으로 하는 세계교회협의회 대표단이 21일 평양에 도착하였다. 비행장에서 강명철 조선그리스도교련맹 중앙위원회 위원장이 맞이하였다.(강명철 위원장의 이름이 최초로 「로동신문」에 등장했다.)

9월 25일(1면) 북한을 방문하고 있는 세계교회협의회 사무총장이 김정일 위원장에게 드리는 선물을 24일 김영남 최고인민회의 상임위원회 위원장에게 전달하였다.

9월 25일(1면) 김영남 최고인민회의 상임위원회 위원장이 24일 만수대의사당에서 울라프 픽세트베이트 사무총장을 단장으로 하는 세계교회협의회 대표단을 만나 담화를 하였다. 여기에는 강명철 조선그리스도교련맹 중앙위원회 위원장과 관계부문 일꾼들이 참가하였다.

9월 25일(4면) 세계교회협의회 대표단이 만경대, 개선문, 경상유치원 등을 참관하고 봉수교회 일요예배에 참가했다.

9월 26일(4면) 세계교회협의회 대표단이 25일 평양을 떠났다.

9월 27일(5면) 남조선의 천주교정의구현전국사제단이 23일 서울에서 정보원의 선거개입행위를 규탄하였다.

10월 28일(5면) ("정보원《선거》개입의 진상규명을 요구하는 남조선종교인들"이라는 제목과 시위 사진을 게재하였다.)

11월 6일(1면) 개성시에서는 역사유적들과 명소들이 많은 박연지구를 더 잘 꾸미기 위해 개성-령통사-박연 윤환선 도로를 새로 건설하기 위한 투쟁을 힘있게 벌렸다.

11월 30일(6면) 최근 남조선에서 반역《정권》을 반대하는 각계의 투쟁에 종교인들도 적극 호응해 나서고 있는 가운데 지난 22일 천주교정의구현전국사제단의 천주교사제들이 선거부정행위를 규탄하고 현 집권자의 사퇴를 촉구하는 투쟁을 전개했다.

12월 3일(6면) 남조선의 천주교정의구현사제단 전주교구사제단 종교인이 11월 25일 정권퇴진 운동을 계속 벌려나갈 것이라고 선언했다.

12월 4일(5면) 11월 30일 남조선 《CBS》 방송에 의하면 남조선에서 괴뢰집권자의 사퇴를 주장하는 종교단체들의 항의운동이 확대되고 있다. 원불교 소속 종교인들, 기독교공동대책위원회 종교인들과 조계종소속 승려들도 집권자의 사죄와 물러날 것을 요구하였다.

12월 6일(6면) 불교, 천도교, 카톨릭교를 비롯한 남조선의 광주지역 5대 종단 대표들이 11월 28일 광주에서 모임을 갖고 현 집권자의 사퇴를 요구한 천주교정의구현전주교구사제단의 시국미사 이후 벌어지고 있는 사태는 명백히 종교탄압이라고 단죄하였다.

2014년

3월 5일(6면) 지난 2월 21일 백악관에서는 미국 대통령 오바마와 그의 초청을 받고 이 나라에 온 달라이라마의 비공개회담이 있었는데 이들의 접촉을 놓고 중국이 몹시 불쾌해하고 있어서 사태는 중미 사이의 대립과 마찰의 심화로 번져지고 있다.

4월 12일(6면) 남조선신문에 의하면 경찰이 7일 제주도 서귀포에서 해군기지 건설을 반대하는 투쟁을 벌린 신부를 연행하고 이에 항의하는 신부를 비롯한 여러 명의 종교인을 업무 방해혐의로 연이어 체포하였다.

9월 4일(6면) 8월 31일 남조선인터네트 신문《민중의 소리》에 의하면 경찰이 악명 높은《보안법》에 걸어 천주교정의구현전국사제단 전주교구의 박창현 신부를 탄압하고 있다.

11월 18일(5면) 남조선《CBS》방송에 의하면 남조선의 기독교사회선교연대와 전국목회자 정의평화협의회를 비롯한 종교단체들이 14일 서울에서 기자회견을 가지고 애기봉 등탑의 재설치로 반공화국심리전을 확대하려는 괴뢰패당을 규탄하였다.

12월 5일(6면) 조선종교인협의회가 4일, 철거된 애기봉 등탑을 더 크게 다시 세우겠다고 하는 것과 관련하여 남조선의 모든 종교단체들과 종교인들은 동족 대결을 격화시키고 민족에게 재앙만을 가져다주는 애기봉 등탑 건설과《크리스마스점등식》을 단호히 지지파탄시켜야 할 것이라는 성명을 발표했다.

12월 10일(5면) 남조선《연합뉴스》에 의하면 남조선의《대북전단살포 및 애기봉 등탑반대 공동대책위원회》가 7일 경기도 김포시에서 반공화국심리전책동을 규탄하는 기자회견을 가졌다.

12월 22일(4면) 조선인민군 전선서부지구사령부가 21일, 우리 전선군장병들의 면전에서 애기봉 등탑이 건설되고 《점등식》이 재개된다면 절대로 용납하지 않을 것이라고 발표했다.

2015년

1월 10일(5면) ("귀중한 문화유산 연탄군의 심원사"라는 제목으로 심원사를 소개하는 기사를 다시 게재했다.)

7월 23일(5면) ("한시도 늦출 수 없고 한 순간도 소홀히 할 수 없는 것이 반제계급교양이다. 미제는 한 하늘을 이고 살 수 없는 우리 인민의 백년숙적"이라는 제목으로 서먼호, 와츄셋트호 등 군함 파견 침략과 략탈 감행, 가쯔라-타프트 협정에 대해 말한 뒤 "교육가, 자선가, 선교사, 의사의 탈을 쓰고 우리나라에 기여든 미제는 앞에서는 《박애》와 《자선》을 떠벌이고 뒤에서는 조선사람을 멸시하고 마구 살해하였다. 해주에서 《구세병원》을 운영하던 미국선교사놈은 임신한 녀성을 입원시켜놓고 심심풀이로 배를 갈라 숨지게 했을 뿐 아니라 환자들이 치료비를 물지 못하면 피를 뽑아 고통속에 숨지게 하였다. 병원의 간호원들이 이 사실을 알게 되고 또 제놈이 경영하던 학교의 학생들이 악랄한 종교교육과 노예교육을 반대하여 투쟁에 일떠서자 미국선교사 놈은 룡당포앞바다에 정박하고 있던 일본함대의 사령관과 짜고 그들 250여 명을 《참관》의 구실밑에 배에 태워가지고 바다에 나가 전부 빠뜨려죽이였다."라고 보도했다.)

7월 26일(6면) 프랑크 엥겔 룩셈부르그 그리스도교사회인민당 출신 유럽의회 의원이 25일 비행기로 평양에 도착하였다.

7월 29일(4면) 룩셈부르그 그리스도교사회인민당 출신 유럽의회 의원이 23일 비행기로 평양을 떠나갔다. 그는 체류기간 송도원국제소년단야영소, 원산육아원, 애육원, 문수물놀이장 등을 참관하였다.

8월 15일(8면) 조선인민군 전선련합부대들이 14일, 삐라 살포와 관련해서 "남조선괴뢰들은 너절한 삐라 몇 장 때문에 통째로 불바다에 직면할 수 있다는 것을 순간도 잊지 말아야 한다."는 성명을 발표했다.(삐라를 살포하는 단체들을 나열하여 비난하는데 기독교 단체로는 순교자의 소리, 하나로교회, 이웃사랑선교회가 들어 있다.)

11월 25일(4면) 아리마 라이데이 일본 교또 불교회 이사장을 명예단장으로 하고 엥만지 주지인 니시오까 료고 천태종 이전 총무총장을 단장으로 하는 일본 불교계대표단이 24일 비행기로 평양에 도착했다.

11월 28일(4면) 일본 불교계대표단이 27일 비행기로 귀국하였다.

12월 17일(4면) 16일 최고재판소에서는 미국과 남조선당국의 국가정치테러, 반공화국적대시정책에 추종하여 특대형국가전복음모 행위를 감행한 재카나다 목사 림현수에 대한 재판이 진행되였다. 재판에서는 조선민주주의인민공화국 형법 제60조(국가전복음모죄)에 해당되는 피소자 림현수의 사건기록을 검토하고 범죄사실을 확정한 기소장이 제출되였으며 사실심리가 진행되였다. 심리과정에 피소자는 공화국에 대한 체질적인 거부감을 가지고 우리의 최고존엄과 체제를 심히 중상모독하였으며 종교의 탈을 쓰고 반공화국종교행위를 감행한 데 대하여서와 해외동포들에게 공화국에 대한 악선전을 하고 미국과 남조선 보수패당이 벌리는 우리 주민들에 대한 유인납치행위와 《탈북자지원》 책동에 가담한 것을 비롯하여 특대형 국가전복행위를 감행한 자기의 모든 죄과를 인정하였다. 재판에서는 피소자에게 무기로동교화형이 언도되었다.

2016년

1월 4일(5면) 남조선의 민주화실천가족운동협의회, 민가협양심수후원회, 《보안법》폐지국민연대, 《기독교평화행동목사단》을 비롯한 시민사회, 종교단체들이 최근 서울중앙지방검찰청 앞에서 기자회견을 가지고 《보안법》철폐와 정보원해체를 주장하였다.

4월 30일(4면) 4월 29일 최고재판소에서는 미국과 남조선괴뢰패당의 조종밑에 우리 공화국에 기여들어 특대형 범죄행위와 정탐모략책동을 감행한 미국공민 김동철에 대한 재판이 있었다. 재판에서는 조선민주주의인민공화국 형법 제60조(국가전복음모죄), 제64조(간첩죄)에 해당되는 피소자 김동철의 사건기록을 검토하고 범죄사실을 확정한 기소장이 제출되였으며 사실심리가 진행되였다. 심리과정에 피소자는 미국과 남조선괴뢰정보기관의 배후조종과 지령밑에 가장 비열하고 음모적인 방법으로 우리의 최고존엄과 체제에 대한 악선전을 일삼으면서 공화국을 내부로부터 와해시키려고 책동한 데 대하여서와 당, 국가, 군사비밀을 체계적으로 수집, 제공한 것을 비롯하여 반공화국적대행위를 감행한 자기의 모든 죄과를 인정하였다. 재판에서는 피소자에게 로동교화형 10년이 언도되였다.

7월 12일(5면) [조선반도의 평화와 자주통일을 위한 북, 남, 해외 제 정당, 단체, 개별인사들의 연석회의 북측 준비위원회에서 공개편지를 보낸 남한 인사들의 명단을 당국관계자, 정당, 단체, 개별인사로 나누어 발표했는데 기독교 인사들이(주로 목사) 여러 명 포함되어 있다.]

7월 24일(4면) (위 연석회의 미국지역 준비위원회가 구성되었는데 고문에 기독교인 2명이 들어 있다. 2명 모두 재미 교포, 한 명은 목사이다.)

8월 13일(5면) 정백사원 준공 10돌 기념행사에 참가할 해외기관조정위원회 위원장인 안또니 주교를 단장으로 하는 로씨야정교회 대표단이 12일 평양에 도착하였다. 평양국제공항에서 관계부처 일군들과 주조 로씨야연방 임시대리대사가 맞이하였다.

8월 17일(4면) 정백사원 준공 10돌 기념행사에 참가하였던 로씨야정교회 대표단이 16일 귀국하였다. 대표단은 체류기간에 최고인민회의 상임위원회 부위원장인 김영대 조선사회민주당 중앙위원회 위원장을 만났고, 금수산태양궁전, 만경대, 주체사상탑, 개선문, 과학기술전당, 자연박물관, 중앙동물원 등을 참관하였다.

8월 22일(6면) 미국은 해마다 세계종교자유에 관한 연례보고서 발표 놀음을 하고 있는데 얼마 전에도《2015년 국제종교자유보고서》라는 것을 발표하면서 세계 거의 모든 나라들의 종교실태에 대해 제나름대로《평가》하였다. 제 스스로가《국제종교재판관》이라도 되는 듯이 행세하며 터무니없이 놀아대고 있는 것이다.

9월 1일(4면) 미국침략선《셔먼》호 격침 150돌 사회과학부문 토론회가 8월 31일 과학기술전당에서 진행되었다. 사회과학원 역사연구소 소장 박사, 부교수 황명철이《미국침략선 〈셔먼〉호의 침입은 미국의 대조선침략정책에 따른 강도적인 무력침공》이라는 제목의 토론을 비롯하여 여러 교수들이 토론했다.

9월 4일(6면) 미국정계와 언론계, 사회계의 우익세력들이 이슬람교도들에 대한 차별과 폭행, 살인 등을 서슴치 않고 있다. 2015년 한해 동안 미국 내에서 이슬람교사원을 노린 파괴 및 차별행위가 78건에 달하였는데 통계를 내기 시작한 2009년 이래 최고의 기록이며 2014년의 20건에 비해볼 때 거의 4배 증가한 것으로 된다.

9월 25일(4면) 제리 필레이 총회장을 단장으로 하는 세계개혁교회친교회 대표단이 24일 평양에 도착하였다.

9월 28일(4면) 세계개혁교회친교회 대표단이 만경대, 만경봉, 주체사상탑, 과학기술전당, 릉라 곱등어관 등을 참관하였다.

9월 30일(7면) 세계개혁교회친교회 대표단이 29일 평양을 떠났다.

10월 30일(4면) 아리마 라이데이 일본 교또 불교회 이사장을 명예단장으로 하고 미야모또 이메이 쇼인지 승정을 단장으로 하는 일본 불교계대표단이 29일 비행기로 평양에 도착하였다.

11월 2일(4면) 일본 불교계대표단이 10월 31일 만경대, 주체사상탑, 과학기술전당, 동명왕릉 등 참관하였다.

11월 2일(4면) 일본 불교계대표단이 1일 비행기로 귀국하였다.

11월 17일(6면) 남조선인터네트신문 《민중의 소리》에 의하면 14일 천주교정의구현전국사제단 전주교구의 종교인 138명이 박근혜《정권》퇴진을 요구하는 시국선언을 발표하였다.

11월 24일(2면) 조선천도교회 중앙지도위원회 고문, 천도교청우당 중앙위원회 위원장, 단군 민족통일협의회 회장, 최고인민회의 대의원, 최고인민회의 상임위원회 위원을 지내고 김일성 훈장, 김정일 훈장, 조국통일상을 받은 류미영이 11월 23일 폐암으로 사망했다.

11월 25일(2면) 당, 정권기관, 사회단체, 성, 중앙기관 일꾼들과 각계층 근로자들이 고 류미영 선생의 영구를 찾아 조의를 표시했다.

11월 26일(3면) 고 류미영 선생의 장의식이 5일 평양 서장회관에서 사회장으로 진행되었고 신미리애국렬사릉에서 영결식이 진행되었다. 고인은 남편인 최덕신 선생의 묘에 합장되었다.

11월 29일(5면) 남조선 《KBS》 방송에 의하면 남조선의 전직 《국회》의장, 《국무총리》를 비롯한 정계, 종교계원로들이 27일 모임을 가지고 박근혜에게 《하야》를 선언하는 합의문을 발표하였다.

2017년

1월 10일(5면) 남조선인터네트신문《통일뉴스》에 의하면 남조선의 한 불교인이 7일 박근혜의 퇴진과 정의를 요구하며 분신자살을 시도하였다.

3월 17일(6면) 세계개혁교회 총서기 그리스 퍼거슨이 최근 미국무장관에게 미국의 도발적인 군사연습을 중지하고 정전협정을 평화협정으로 교체하기 위한 결정적인 조치를 취할 것을 촉구하는 편지를 보내였다.

7월 8일(5면) (장대현교회가 있었던 자리에 세워진 평양학생소년궁전을 예찬하는 기사가 게재되었다. "우리 인민 누구나 대를 이어 길이길이 전해가는 위대한 수령님 이야기, 그것은 장대재언덕에도 길이길이 울려퍼지나 온 나라 학생소년들의 마음속에 우리 수령님은 언제나 함께 계신다."라고 하였다.)

10월 19일(5면) 운산 광산지구에《자혜병원》이란 것이 있었는데 주인은 파워라는 미국놈이었다. 그는 수많은 조선사람들을《치료》의 명목밑에 제놈의 실험대상으로 삼아 야수적 만행을 감행하였다.

11월 9일(5면) ("《자선》의 탈을 쓴 침략의 선발대들"이라는 기사에서 "선교사의 탈을 쓰고", "병원의 간판을 내걸고", "교육자의 직업을 악용하여"라는 소제목으로 나눠서 선교활동을 강력하게 비난하였다.)

2018년

5월 4일(4면) 올라프 픽세트베이트를 단장으로 하는 세계교회협의회와 세계개혁교회친교회 대표들로 구성된 그리스도교국제기독교대표단이 3일 평양에 도착하였다. 평양국제비행장에서 강명철 조선그리스도교련맹 중앙위원회 위원장이 맞이하였다.

5월 5일(2면) 조선로동당 중앙위원회 정치국 상무위원회 위원이며 조선민주주의인민공화국 최고인민회의 상임위원회 위원장인 김영남 동지는 4일 만수대의사당에서 의례 방문하여온 올라프 픽세트베이트를 단장으로 하는 세계교회협의회와 세계개혁교회친교회 대표들로 구성된 그리스도교국제기독교대표단을 만나 담화하였다. 여기에는 강명철 조선그리스도교련맹 중앙위원회 위원장, 관계부문 일꾼들이 참가하였다.

5월 8일(4면) 올라프 픽세트베이트를 단장으로 하는 세계교회협의회와 세계개혁교회친교회 대표들로 구성된 그리스도교국제대표단이 7일 평양을 떠나갔다. 평양국제비행장에서 강명철 조선그리스도교련맹 중앙위원회 위원장이 전송하였다. 대표단 성원들은 체류기간에 만경대를 방문하고 주체사상탑과 평양육아원, 애육원, 류경안과종합병원 등을 참관하였다.

8월 29일(6면) 남조선의 실천불가승가회, 원불교사회개벽교무단, 전국목회자정의평화실천협의회, 천주교정의구현사제단으로 구성된 종교인협의회가 29일 서울에서 기자회견을 열고 '보안법'폐지를 요구하였다. 발언자들은 지난 11일 서울지방경찰청 보안수사대가 보안법 위반으로 몰아 남북경제협력에 나섰던 한 기업가를 구속하였다고 말했다.

유관지 劉寬之

아호는 산종(山鍾)이다. 국문학과 신학을 전공했다.(문학석사, 철학박사) 고교 국어교사, 방송 PD, 교회 담임목사, 대학 객원교수로 일했다. 북한교회사를 미시사(微視史)의 관점에서 탐구하는 일에 힘쓰고 있다.

현재 성화감리교회 원로목사이며 북한교회연구원 원장이다.「중국을 주께로」(월간 웹진)의 발행인이고 기독교통일포럼을 비롯하여 여러 통일선교 단체의 고문, 또는 자문을 맡고 있다.

저서로는『이포(梨浦)의 밤안개』를 비롯한 여러 권의 수필집과『북중접경, 기도하며 걷다』등 통일선교 관련 서적이 있다.

yookj44@hanmail.net